Michael Ebert

UNIVERSELLES VERTRAUEN

Wie Du durch unerschütterliches Selbstvertrauen das Vertrauen anderer (zurück-) gewinnst...

Deutsche Originalausgabe „Universelles Vertrauen" erschien 2018 erstmals auf Educationscout24.com.

Alle in diesem Buch erteilten Ratschläge und Informationen sind sorgfältig erwogen und geprüft. Eine Garantie hierfür kann jedoch nicht übernommen werden. Die Haftung des Autors für Personen-, Sach- und Vermögensschäden ist ausgeschlossen.

ISBN 978-3-9820426-0-2

Herausgegeben von

Educationscout24
Michael Ebert
Carl-Joseph-Will-Str. 10
63743 Aschaffenburg
www.educationscout24.com

Copyright 2018 – All rights reserved

Inhalt

Einleitung 6

Warum Du dieses Buch lesen solltest... 6
Die Angst vor Manipulation 14
Wichtige Hinweise 16
Die verschiedenen Arten von Vertrauen 36
Was ist Vertrauen? 36
Was ist Urvertrauen? 39
Was ist Selbstvertrauen? 40
Was ist universelles Vertrauen? 43
Bedeutende Zusammenhänge 45

Hauptteil

Die 3 mächtigsten Wurzeln des Erfolgs 64

Erwartungen 69
Charakter 73

Die 1. Wurzel des Erfolgs
Tiefliegende, interne Überzeugungen 78

Die 2. Wurzel des Erfolgs
Unerschütterliches Selbstvertrauen 86

Die 4 Grundlagen der Glaubwürdigkeit   87

1. Grundlage: Bist Du integer & kongruent?   87
2. Grundlage: Kennst Du Dein Motiv?   115
3. Grundlage: Bist Du kompetent?   127
4. Ergebnisse: Lieferst Du Ergebnisse?   142

Die 3. Wurzel des Erfolgs:
Die Macht des Denkens   155

Schlussteil

Praktische Tipps für die erfolgreiche Umsetzung   162

Anhang

Quellenverzeichnis   168

Einleitung

Herzlich willkommen und Gratulation zu Deiner Entscheidung, Dich auf den Weg zu machen, Deine Fähigkeit, Dir selbst und auch anderen zu vertrauen, stärken zu wollen. Du hast das Buch erworben, Du hast die erste Seite aufgeschlagen und bist sicherlich schon neugierig, welch spannende Erkenntnisse Du durch dieses Buch erwerben wirst. Möglicherweise fragst Du Dich auch bereits, welche wunderbaren Erfahrungen Du mit einem ausgeprägten Selbstvertrauen erleben darfst, weil nach der Lektüre dieses Buches Dir eines sicher ist: Du kennst die wesentlichen Werkzeuge und Möglichkeiten, wie Du sowohl Dein eigenes Selbstvertrauen als auch das Vertrauen zu anderen Menschen (wieder) aufbauen kannst.

Warum Du dieses Buch unbedingt lesen solltest…

Welche Vorteile bringt Dir die Lektüre dieses Buches?

Sobald Du dieses Buch gelesen und durchgearbeitet hast, blickst Du nicht nur viel motivierter und zuversichtlicher in die Zukunft, sondern Du ziehst auch automatisch und wie ein Magnet das Vertrauen Deines Umfeldes und damit verbunden deren Liebe, Wertschätzung und Anerkennung an. Weiter stellst Du fest, dass Vertrauen der wohl effizienteste und wertvollste Schlüssel zur Führung von Menschen ist und dadurch eine enorme Überzeugungskraft in sich trägt. Du bemerkst, dass kaum jemand wirklich eine systematische Vorgehensweise zum Aufbau von Vertrauen beherrscht und Du somit einen unbezahlbaren Vorsprung erlangst, der Dir nicht nur im Privatleben, sondern auch im Berufsleben oder im Sport einzigartige Chancen und Möglichkeiten bietet. Voraussetzung, dass all diese Vorteile auch bei Dir eintreffen können, ist allerdings, dass Du dieses Buch wirklich vollständig und bis zu Ende durchliest sowie danach das Gelernte auch in die Praxis umsetzt!

Darüber hinaus stellst Du vielleicht fest, dass Tausende an den Ästen allen Übels herumhacken, während wenige sich die Mühe machen und versuchen, bis an die tiefen Wurzeln hervorzudringen. Wohin das führt, sehen wir bereits an zahlreichen Stellen in der Gesundheitsbranche, in welcher viel zu häufig die Symptome bekämpft werden anstatt zu versuchen, schon im Voraus die tatsächlichen Ursachen durch geeignete Verfahren offenzulegen und die erkannten Fehler und Probleme zu beheben.

Wie oft solltest Du dieses Buch zur Hand nehmen?

Möglicherweise ist es von Vorteil, wenn Du dieses Buch mehrmals in Deinem Leben in die Hände nimmst, weil es nicht ohne Grund den Titel „*Universelles* Vertrauen" trägt. Dieses Buch ist bewusst so geschrieben und verfasst, dass es sich sowohl für Angestellte, Selbstständige, Unternehmer und Investoren als auch für

Schüler, Studenten, junge Erwachsene, Eltern, Großeltern und Senioren eignet, es zu lesen und zu studieren.

Vielleicht denkst Du Dir jetzt, dass das jeder behaupten kann, dass sein Buch *für alle* gleichermaßen *geeignet* ist, um möglichst eine breite Zielgruppe zu erreichen und anzusprechen. Vielleicht stellst Du Dir alternativ aber auch die Frage, was im Leben eigentlich „*nicht*" auf Vertrauen aufbaut und bemerkst, dass an dem vorherigen Satz ein Funken Wahrheit dran sein könnte…

Falls Du beabsichtigst, dieses Buch mehr als einmal zu lesen und so den maximalen Mehrwert aus diesem Buch ziehen möchtest, dann lies das Buch zunächst aus Deiner „*privaten*" Perspektive. Auf diese Art und Weise berücksichtigst Du ein wichtiges universelles Gesetz, auf welches ich im Laufe dieses Buchs zurückkommen werde.

Im zweiten Schritt empfiehlt sich dann ein Perspektivwechsel vorzunehmen und das Buch z.B. aus beruflicher oder sportlicher Sicht zu studieren. Es ist durchaus möglich, dass Du während der zweiten Lektüre ein völlig neues Buch liest, obwohl der Inhalt der gleiche ist…

Die wohl verrückteste Frage der Welt…

Macht es überhaupt Sinn, Bücher zu lesen oder auf Seminare motivierender und erfolgreicher Persönlichkeiten zu gehen, so lange Du Dir selbst und anderen *nicht* vertrauen kannst? Was ist, wenn die Autoren der Bücher bzw. die Coaches auf den Seminaren *voraussetzen*, dass Du bereits über diese *Fähigkeit* verfügst? Was ist, wenn Du aufgrund eines weniger stark ausgeprägten Selbstvertrauens zu viele Dinge in Frage stellst? Wie wirkt sich das auf Deine *Umsetzungsgeschwindigkeit* aus? Was ist, wenn Du auf einmal glaubst, dass alles, was Du liest, hörst oder siehst, sich irgendwie gut anhört, aber in Dir der Gedanke hochkommt, dass diese Möglichkeiten sicherlich bei allen anderen funktionieren werden, nur nicht, aus welchem Grund auch immer, bei Dir persönlich? Bei Dir wird es garantiert *nicht* funktionieren, weil Du von einer höheren Macht, vom Schicksal, von was auch immer auserwählt wurdest, um zu widerlegen, dass das Gehörte, Gesehene oder Gelesene der Wahrheit entspricht... Doch wer oder was ist diese höhere Macht, die Dich wie eine Marionette tanzen lässt und kontrolliert? Sicherlich erahnst Du es bereits, die Antworten auf diese und viele weitere Fragen erfährst Du in diesem Buch.

Im Gegensatz zu vielen anderen Büchern setzt dieses Buch *nicht* voraus, dass Du bereits über ein ausgeprägtes Selbstvertrauen verfügst bzw. fähig bist, anderen tiefsinnig zu vertrauen. Auch ist es *nicht* erforderlich, dass Du zunächst Psychologie studiert bzw. mehrere zehntausend Euro in Fort- und Weiterbildung investiert haben musst, um die Inhalte dieses Buchs zu begreifen. Das Einzige, was Du benötigst, ist ein wenig Zeit, im besten Fall noch einen Textmarker, einen Stift und ein

Blatt Papier, falls Du Dir zu dem ein oder anderen wichtigen Punkt Notizen machen möchtest. Alles andere, was Du benötigst bzw. machen solltest, um Vertrauen (zurück) zu gewinnen, erfährst Du in diesem Buch ganz bequem und *Schritt-für-Schritt*.

Wie viele Bücher werden tatsächlich zu Ende gelesen?

Es ist leider eine erschreckende Tatsache, dass nur 20 Prozent aller gekauften bzw. erworbenen Bücher tatsächlich bis zu Ende gelesen werden. Die überwiegende Mehrheit bricht spätestens nach dem 2. Kapitel ab. Woran liegt das? Ist es *mangelndes Durchhaltevermögen*? Ist es, weil die Menschen glauben, nach bereits zwei Kapiteln genau zu wissen, worum es in einem Buch geht und sie dadurch glauben, Zeit zu sparen?

Denke bitte einmal kurz an jemanden, zu dem Du bereits *sehr viel* Vertrauen hast bzw. spürst – z.B. einem Teil Deiner Familienangehörigen (Eltern, Großeltern, Kinder, Geschwister, Tante oder Onkel), einem nahen Verwandten (Cousin(e), Nichte, Neffe, usw.), Deinem (Ehe-) Partner bzw. Deiner (Ehe-) Partnerin, einem Deiner Arbeitskollegen, Freunde usw. Wie würdest Du diese Beziehung beschreiben? Was hörst und fühlst Du, wenn Du an deren Stimme denkst? Wie gut und wie schnell verläuft die *Kommunikation* zwischen Euch? Wie schnell werden *Entscheidungen* getroffen und gemeinsam auf den *Weg* gebracht? Wie viel *Freude* macht Dir diese Beziehung?

Und nun denke bitte einmal kurz an eine Person, zu der Du *wenig* Vertrauen hast. Wie würdest Du hier die Beziehung beschreiben? Wie fühlt sich diese an? Wie verlaufen in der Regel die Gespräche? Wie schnell trefft Ihr gemeinsam Entscheidungen? Wie viel Freude macht Dir diese Beziehung?

Der wertvollste Vorteil, den Dir Vertrauen schenken kann...

Möglicherweise hast Du soeben bemerkt, dass Dir Vertrauen automatisch noch einen weiteren sehr wertvollen Vorteil bringt: Vertrauen ist die mit Abstand beste Methode, um *Zeit zu gewinnen*, weil unnötiges Kontrollieren, Überprüfen, Hinterfragen ganz einfach wegfällt. Und nun frage Dich, *was* ist langfristig am wertvollsten in Deinem Leben? Je älter Du wirst, desto mehr wird Dir wahrscheinlich bewusst, wie wertvoll Dein eigenes Leben und insbesondere Deine eigene *Lebenszeit* ist. Genau aus diesem Grund erfährst Du in diesem Buch die Quintessenz aus über 10 Bestsellern erfolgreicher Persönlichkeiten, die meist nur zwischen den Zeilen ihre Geheimnisse zu Vertrauen und insbesondere der Frage, wie Du Selbstvertrauen aufbauen kannst, preisgegeben haben. Das heißt, mit der Lektüre dieses Buches sparst Du Dir nicht nur das Lesen vieler tausend Seiten Erfolgsliteratur und somit unglaublich viel Zeit ein, sondern erhältst zusätzlich das *Pareto-Wissen* zu Vertrauen auf dem Silbertablett serviert.

Kleiner Einschub – Was ist das so genannte Pareto-Prinzip?

Gemäß dem Pareto-Prinzip erzielst Du mit 20 Prozent Deines Einsatzes 80 Prozent aller Ergebnisse. Diesen Satz kannst Du theoretisch unendlich lange auseinandernehmen und auf all Deine zwischenmenschlichen Beziehungen anwenden. In Puncto Vertrauen heißt das, dass Du während einem Gespräch in nur 20 Prozent der eigentlichen Gesprächszeit 80 Prozent des Ergebnisses bestimmst, weil insbesondere der Beziehungsaufbau auf einer Schlüsselkompetenz aufbaut. Und vielleicht erahnst Du es schon, die *Schlüsselkompetenz*, die den Ausgang der meisten Gespräche vorherbestimmt, ist ganz einfach – **Vertrauen**! Was denkst Du, welche Veränderung hätte das auf Dein Leben, wenn Du in rund 80 Prozent aller Gespräche den *Ausgang vorhersehen* könntest? Wie wirkt sich das auf Deine Umsetzungsgeschwindigkeit aus? Wie viel Zeit sparst Du somit jeden Tag, jede Woche, jeden Monat bzw. jedes Jahr ein?

Dieses Buch bietet Dir also den *direkten Zugang* zu dem entscheidenden Wissen, welches Du benötigst, um ein unerschütterliches Selbstvertrauen aufbauen und so das Vertrauen anderer (zurück) gewinnen zu können. Die Entscheidung, ob Du mit dem Lesen nach dem 2. Kapitel bereits abbrichst oder das Buch vollständig und bis zu

Ende aufmerksam durchliest, liegt also nun bei Dir. Wofür entscheidest Du Dich?

Wichtiger psychologischer Hinweis:

In diesem Buch erfährst Du an zahlreichen Stellen, wie Du Dein *Selbstvertrauen aufbauen und stärken* kannst. Gleichzeitig erfährst Du aber auch die *Möglichkeiten*, wie Du *bewusst oder unbewusst Dein Selbstvertrauen untergraben kannst und dieses dadurch schwächst.* Wenn Du eine Entscheidung triffst und diese innerhalb kürzester Zeit wieder in Frage stellst oder änderst, dann sagst Du damit unbewusst Deinem Unterbewusstsein, dass Du Dich nicht (schnell) entscheiden kannst. Dies strahlt nicht nur Unsicherheit, sondern auch mangelnde Beharrlichkeit und mangelnde Entschlossenheit aus. Je öfter Du in Deinem Leben so handelst, desto stärker wirkt sich das – leider negativ - auf Dein Selbstvertrauen aus. Falls Du Dich gerade fragst, was alles *Entscheidungen* sind, dann handelt es sich hierbei um *alles*, was Du sowohl *Dir selbst*, als auch *anderen versprichst*.

„Viel mehr als unsere Fähigkeiten sind es unsere Entscheidungen, die zeigen, wer wir wirklich sind."

Joanne K. Rowling

Die Angst vor Manipulation

Vielleicht denkst Du Dir gerade, dass der Aufbau dieser Einleitung manipulativ erscheint und ich die Psychologie bewusst dafür einsetzen würde, Dich dazu zu bewegen, dieses Buch bis zu Ende zu lesen. Für den einen mag diese Einleitung manipulativ erscheinen, für den anderen aufklärend. Wie Du bereits weißt, schafft Transparenz Vertrauen. Diesem Buch liegt der feste Glaubenssatz zugrunde, dass wir *gemeinsam* stärker sind, als wenn alle alleine in unterschiedliche Richtungen gehen und sich durch das Leben kämpfen. Ich wünsche mir von Herzen, dass die Menschen in der Welt (wieder) *lernen*, sich *tiefsinnig zu vertrauen*. Die nachfolgenden drei Fragen sollten Beweis genug dafür sein, warum es so wichtig ist, dass sich die Menschen (wieder) vertrauen sollten…

1. *Welche Parteien werden zukünftig das Land regieren, wenn Traditionelle das Vertrauen zu ihren Wählern verspielt haben?*
2. *Wie wirkt sich das auf die Geschwindigkeit aus, wichtige Entscheidungen zu treffen und Lösungen für wichtige globale Probleme zu entwickeln (z.B. Klimawandel, demografischer Wandel, immer weiterwachsenden Schere zwischen Arm und Reich, veränderte Anforderungen ans Bildungssystem usw.)?*
3. *In wie weit ist fehlendes Vertrauen Grund für zahlreiche Kriege und Probleme in der Welt?*

Erst wenn Du die Psychologie hinter dem Vertrauen verstehst, erkennst Du, was Manipulation ist und was von Herzen gut gemeint ist.

Solltest Du also gerade immer noch das Gefühl haben, dass dieses Buch manipuliert, dann kann ich Dich beruhigen. In diesem Buch lege ich *alle Karten auf den Tisch*, sodass Du zukünftig Menschen mit einem stark ausgeprägten Selbstbewusstsein, aber mit schwachem Selbstvertrauen entlarven kannst.

Falls Du also bislang Angst hattest, Menschen Dein Vertrauen zu schenken, da Du damit das Risiko eingehst, dass diese Dich ausnutzen oder Dein Vertrauen missbrauchen könnten, dann ist die Lektüre dieses Buches unabdingbar, weil Du hier Einblick in die *Psychologie* des Vertrauens erhältst.

Je mehr Du über die Psychologie des Vertrauens verstehst, desto schwerer wird es, Dich „*unbewusst*" manipulieren zu können. Und je mehr Du verstehst, was Du in diesem letzten Absatz erfahren hast, desto eher begreifst Du, dass ich verrückt sein müsste, wenn ich hier auch nur im Ansatz versuchen würde, Dich zu manipulieren…

Wichtige Hinweise

Diesen Fehler solltest Du besser nicht begehen…

Falls Du dieses Buch erworben haben solltest mit dem Hintergedanken, Vertrauen zu jemanden aufzubauen, dem Du etwas gerne „*heimzahlen*" möchtest bzw. um Deine „*Rachesucht*" zu befriedigen, dann wird Dich der nachfolgende Absatz sehr wahrscheinlich enttäuschen:

Wir Menschen können jeden in der Welt anlügen, nur *nicht* uns selbst. Wir können uns *nicht* selbst belügen!

Warum ist es wichtig, das zu begreifen? *Jedes Mal*, wenn Du bewusst etwas machst, was *verboten* bzw. nicht zum Vorteil Deiner eigenen Gesundheit oder zum Vorteil Deiner Mitmenschen ist, *untergräbst* Du Dein *eigenes Selbstvertrauen*. Vielleicht nicht viel, aber mit der Zeit können auch viele kleine Löcher gravierende Folgen haben…

Sicherlich kennst Du das Sprichwort, „wer anderen eine Grube gräbt…" Wenn Du also Deinem Selbstvertrauen eine Grube gräbst, dann…

Es ist möglich, dass ich mich irre und dass Du hier das ein oder andere Rezept findest, welches Dir tatsächlich kurzfristigen Erfolg versprechen vermag, damit Du Deinem Verlangen nach „*Vergeltung*" Rechnung tragen kannst, doch eines sollte Dir bewusst sein: Dein *Unterbewusstsein speichert alles* ab und wohin das führt, erfährst Du in diesem Buch.

Hat dieses Buch etwas mit dem Glauben an Gott, mit Religion oder Ähnlichem zu tun?

Dies kann ich leicht beantworten. Nein, hat es nicht. Das Vertrauen, dass es einen Gott gibt, ist letztlich genauso nur ein Glaube wie das Vertrauen darauf, dass Dein Auto auch bei 130 Kilometern pro Stunde noch durch die Erdanziehungskraft auf dem Boden bleibt und die Reifen die Verbindung zum Asphalt halten können.

Niemand kann Dir garantieren, dass Du immer die Kontrolle am Lenkrad Deines Autos in den Händen hältst. Hier vertraust Du darauf, dass mehrere tausend Einzelteile alle zu jeder Zeit perfekt funktionieren und einst optimal aufeinander abgestimmt wurden.

Genauso verhält es sich auch mit dem Vertrauen darauf, ob es einen Gott gibt oder nicht. Wir werden es nie wirklich wissen und kontrollieren können wir es schon gar nicht.

Nichtsdestotrotz glaube ich an Gott, trenne aber bewusst den Glauben an Gott mit den Ritualen, die die Kirche mit dem Glauben verknüpft. Ich bin der Meinung, dass der Glaube an Gott und der Glaube daran, wie Du diesen lebst und pflegst, eine hoch individuelle und persönliche Sache ist, für die es keinerlei Vorgaben bedarf!

Dieses Buch ist so geschrieben, dass Du die Psychologie des Vertrauens verstehst und lernst. Sobald Du das Buch vollständig durchgelesen und durchgearbeitet hast, wirst

Du verstehen, dass es kein Gottvertrauen oder irgendeiner Zugehörigkeit zu einer Religion bedarf, um Dir selbst oder anderen zu vertrauen!

Wie solltest Du dieses Buch lesen?

So verlockend es auch sein mag, bei der ein oder anderen Überschrift zuerst reinzuschauen, was da so steht, wirst Du den größtmöglichen Nutzen aus diesem Buch ziehen, wenn Du es ganz klassisch von vorne nach hinten durchliest, ohne auch nur ein einziges Kapitel zu überspringen! So vermeidest Du einerseits, fatale Fehler beim Vertrauensaufbau zu machen und andererseits gewinnst Du dadurch das benötigte Selbstvertrauen zurück, um die späteren Kapitel zu Vertrauen und zur Umsetzung wirklich zu verstehen.

Warum liest Du dieses Buch?

Bevor Du nun mit dem Lesen fortfährst, solltest Du Dir ein paar Minuten Zeit nehmen und zumindest einmal *4 bis 5 Gründe* aufschreiben, warum es Dir wichtig ist, dass Du Dir selbst und anderen wieder vertrauen kannst.

Sprich, schreibe Dir *jetzt* Deine wichtigsten Hauptbeweggründe auf, warum Du gerne mehr über Vertrauen lernen möchtest. Vielleicht sind dies Namen von Menschen, mit denen Du Dich unbedingt wieder besser verstehen möchtest oder es handelt sich dabei um

Tätigkeiten, die Du schon unlängst in Angriff nehmen wolltest, bislang aber noch nicht dazu gekommen bist.

Egal was es ist, schreib es auf jeden Fall auf, damit Du es Dir während der gesamten Lektüre immer wieder vor Augen halten kannst.

Warum ist es Dir wichtig, Dir selbst und anderen (wieder) vertrauen zu können?

_____
_____
_____

Warum ist es Dir wichtig, dass Dir andere vertrauen können?

_____
_____
_____

Möglicherweise hilft Dir bei der Beantwortung der Fragen auch die nachfolgende Auflistung verschiedener Gedanken, die in Verbindung mit Vertrauen stehen.

Zur Vereinfachung gibt es jeweils eine Übersicht aus der Perspektive eines Angestellten, Selbständigen, Unternehmers sowie Investors. So kannst Du aus den möglichen Gründen zusätzliche Ideen schöpfen, die am ehesten auf Dich und auf Deine Persönlichkeit zutreffen.

An alle Angestellten und Privatpersonen

Falls Du Angestellter bist, wünschst Du Dir möglicherweise einen oder gleich mehrere der nachfolgend aufgelisteten Punkte in Deinem Privat- und Berufsleben:

- ✓ Ich wünsche mir einen Chef, einen Partner, Kollegen, Freunde, die mich verstehen und die mir zuhören, anstatt mit mir zu diskutieren.
- ✓ Ich wünsche mir ein Umfeld, welches mich wertschätzt und respektiert, so wie ich bin, eben mit allen Ecken und Kanten.
- ✓ Ich möchte, dass meine Arbeit angemessen honoriert und bezahlt wird.

- ✓ Ich möchte gerne weniger arbeiten und mehr Freizeit bzw. freie Zeit für mich und meine Familie haben. So kann ich mein Hobby leben, mich mit meinen Freunden treffen, ein gutes Buch lesen, in einem Strandbad in der Mittagspause die Sonne genießen u.v.a.m.
- ✓ Ich möchte mich nicht mit den Problemen anderer herumplagen, weil ich zunächst einmal meine eigenen Baustellen zu Ende bringen möchte.
- ✓ Ich möchte gerne Frieden in meinen (familiären) Beziehungen haben.
- ✓ Ich möchte erfolgreich sein.
- ✓ Ich möchte keine Angst haben müssen vom Chef, vom Kollegen, von Dritten erniedrigt oder bloßgestellt zu werden, wenn ich einen Fehler mache.
- ✓ Ich möchte, dass man mir die Angst nimmt Fehler zu machen.
- ✓ Ich möchte, dass man mir mehr Verantwortung überträgt und an mich glaubt und mich nicht ständig für dumm verkauft.
- ✓ Ich möchte morgens mit Freude aufstehen und auf die Arbeit gehen können.

- ✓ Ich möchte am besten gar nicht von Arbeit sprechen, wenn ich zum Job fahre… Ich möchte in meinem Job voll aufgehen und mit voller Begeisterung von und über diesen bei meinen Freunden und Verwandten berichten können.
- ✓ Ich möchte aus diesem Hamsterrad herauskommen. Täglich arbeite ich 8-10 Stunden und am Ende des Monats reicht das Geld gerade noch aus, um nicht an die Dispogrenze zu kommen.
- ✓ Ich möchte als Vertriebler ein Produkt bzw. Produkte, die sich idealerweise von ganz alleine verkaufen lassen. Ich möchte niemanden überreden müssen etwas zu kaufen.

An alle Selbständigen

Falls Du selbstständig bist, wünschst Du Dir möglicherweise einen oder gleich mehrere der nachfolgend aufgelisteten Punkte in Deinem Privat- und Berufsleben:

- ✓ Ich wünsche mir Mitarbeiter, Geschäftspartner, einen Partner und Freunde, die mich verstehen und die mir zuhören, anstatt mit mir zu diskutieren.
- ✓ Ich gebe es zwar nicht offen zu, aber ehrlich gesagt liebe ich es, wenn mich andere für meine perfekte Arbeit bewundern.
- ✓ Ich möchte gerne so bezahlt werden wie ich es verdient habe und nicht immer mit Kunden über Preise diskutieren müssen.
- ✓ Ich möchte nicht das Gefühl haben ausgenutzt zu werden.
- ✓ Ich möchte, dass mein Umfeld honoriert, dass ich 70-80 Stunden fleißig Woche für Woche hart arbeite.
- ✓ Ich möchte mich nicht rechtfertigen, wenn ich etwas mehr Zeit mit meiner Familie verbringe. Ich möchte auch mal meine Enkel und Kinder sehen, wie diese aufwachsen und nicht nur deren Aufwachsen auf den Bildern auf meinem Schreibtisch verfolgen.

- ✓ Ich möchte Mitarbeiter haben, denen ich vertrauen kann und die selbständig mitdenken, am besten genauso, wie ich denke.
- ✓ Ich möchte meine Mitarbeiter nicht ständig kontrollieren müssen.
- ✓ Ich möchte Lieferanten, die sich für meine Probleme und Engpässe interessieren und nicht ihre Probleme bei mir abladen wie auf einem Müllplatz.
- ✓ Ich möchte mehr Freiheit haben und nicht Montag bis Samstag im Laden stehen bzw. rund um die Uhr abrufbar sein müssen.
- ✓ Ich möchte mal wieder einen Spaziergang machen, die Sonne genießen und freie Luft zum Atmen haben, ohne dass mich mein Gewissen plagt, dass ein Haufen Arbeit unbearbeitet zu Hause auf mich wartet.
- ✓ Ich müsste unbedingt mal wieder etwas für meine Gesundheit tun. Ich müsste eigentlich schon längst ein wenig abgenommen haben, aber ich kam bis jetzt nicht dazu. Ich möchte mal wieder in den Spiegel schauen und sagen können, „Ach, wie „geil" siehst Du heute wieder aus!"

- ✓ Ich möchte, dass sich die Zahlen endlich verbessern und mein Unternehmen anfängt zu wachsen, sodass ich mir mal ein richtig schönes Auto leisten, mir und meiner Familie einen besseren Urlaub spendieren und meinen Kindern bzw. Enkeln eine hervorragende Ausbildung ermöglichen kann.
- ✓ Ich möchte, dass mein Umfeld, meine Familie, meine Freunde stolz auf meine Leistung sind.
- ✓ Ich wünsche mir, dass die Kunden mir den Laden einrennen, sodass ich mir um das Thema Verkaufen keine Sorgen mehr machen muss. Ein volles Auftragsbuch täte einfach gut.
- ✓ Ich möchte nicht ständig das Gefühl haben, dass mich meine Lieferanten versuchen über den Tisch zu ziehen. Das ständige Vergleichen macht mich fertig. Ich möchte einen Lieferanten, dem ich vertrauen kann.

An alle Unternehmer

Falls Du Unternehmer bist, d.h. ein Unternehmen von rund 400 bis 500 oder sogar mehr Mitarbeitern führst bzw. besitzt, wünschst Du Dir möglicherweise einen oder gleich mehrere der nachfolgend aufgelisteten Punkte in Deinem Privat- und Berufsleben:

- ✓ Am liebsten wäre es mir, wenn mein Unternehmen vollkommen ohne mich weiterwächst. So hätte ich mehr Zeit, mich meinen Hobbies und Interessen sowie meiner Familie zu widmen.
- ✓ Ich möchte die Welt bereisen und weitere Unternehmen gründen und aufbauen, weil mir das am meisten Spaß macht.
- ✓ Ich möchte wieder der ursprüngliche Revolutionär sein, der ich einmal war.
- ✓ Ich liebe Wachstum und ich möchte keine zweistelligen Wachstumsraten mehr sehen; ich möchte mal wieder erleben dürfen, wie es anfangs war, als wir jährlich den Umsatz und den Gewinn mehr als verdoppelt bzw. verdreifacht haben.
- ✓ Ich wünsche mir Führungskräfte, die fähig sind Probleme eigenverantwortlich zu lösen.

- ✓ Ich wünsche mir Mitarbeiter, die in der Lage sind miteinander zu reden und zu kommunizieren anstatt ständig zu diskutieren und so viel Zeit zu verschwenden.
- ✓ Ich möchte, dass die Wahrheit, sei sie auch noch so grausam, rechtzeitig bei mir ankommt, sodass ich, wenn es hart auf hart kommen sollte, noch rechtzeitig in der Lage bin, zu Handeln und das Schlimmste verhindern kann.
- ✓ Ich möchte, dass im Unternehmen vollständige Transparenz herrscht und alle an einem Strang ziehen.
- ✓ Ich möchte, dass mich meine Führungskräfte, die Aktionäre und Lieferanten verstehen und mir zuhören anstatt mit mir zu diskutieren.
- ✓ Ich möchte, dass mich meine Belegschaft bzw. Mannschaft als Vorbild annimmt.
- ✓ Ich möchte mich nicht ständig für meine Entscheidungen rechtfertigen müssen.
- ✓ Ich möchte nicht ständig kritisiert werden.
- ✓ Ich möchte, dass Harmonie unter den Führungskräften und Mitarbeitern herrscht, anstatt dauernd interne Konkurrenzkämpfe erleben zu müssen.

- ✓ Ich möchte meinen Führungskräften Probleme nicht aus der Nase ziehen, sondern erwarte, dass diese mir vertrauen und auf mich zukommen, wenn es schwerwiegende Probleme gibt, die das ganze Unternehmen betreffen und ggfs. gefährden.
- ✓ Ich möchte, dass meine Kunden zu echten Fans werden.
- ✓ Ich möchte nicht ständig Stellen ausschreiben müssen. Können die Mitarbeiter nicht einfach wie bei Apple, Google und Co. bei mir Schlange stehen?
- ✓ Ich möchte, dass ein großer Teil der Gewinne im Unternehmen bleibt, damit ich diesen in weiteres Wachstum reinvestieren kann. So ist die Zukunft aller bestmöglich gesichert.
- ✓ Ich möchte gerne netzwerken, sei es beim Golfen, beim Tennis oder einem anderen Ort, an dem ich mich gerne aufhalte. Ich liebe es neue Pläne zu schmieden und mir Zeit für die Ausarbeitung der neuen Strategie zu nehmen.
- ✓ Ich möchte, dass meine Kunden und die Presse von meinem Unternehmen begeistert sind.
- ✓ Positive Schlagzeilen, dass mein Unternehmen Rekordzahlen veröffentlicht hat, täten am Frühstückstisch beim morgendlichen Lesen der Zeitung wirklich gut.

- ✓ Ich wünschte, ein Großteil der laufenden wie auch der fixen Kosten wären durch passive Einnahmen gedeckt. Dies brächte deutlich mehr Sicherheit vor allem bei schwankender Nachfrage und würde zugleich die Bezahlung der Löhne und Gehälter meiner Angestellten und Führungskräfte sicherstellen.
- ✓ Ich möchte, dass Frieden unter den Mitarbeitern im Unternehmen herrscht.
- ✓ Ich würde gerne einmal Unternehmer des Jahres werden.
- ✓ Ich würde gerne einmal Arbeitgeber des Jahres o. Ä. werden.
- ✓ Ich möchte gerne zum Branchenführer heranwachsen und eine einzigartige Weltneuheit präsentieren, die die Mitbewerber ins Staunen versetzt.
- ✓ Ich wünsche mir einen Vertrieb, der von einem Verkaufsrekord zum nächsten eilt und der fortlaufend wertvolle Feedbacks an die Produktentwicklung weitergibt, damit auch zukünftig diese Rekorde jedes Jahr aufs Neue getoppt werden können.
- ✓ Ich wünsche mir Einkäufer, die die besten Preise aushandeln und so unsere Kosten perfekt managen.

An alle Investoren und Kapitalanleger

Falls Du hauptberuflich Investor oder Pensionär bist, wünschst Du Dir möglicherweise einen oder gleich mehrere der nachfolgend aufgelisteten Punkte in Deinem Privat- und Berufsleben:

✓ Ich möchte, dass mein Geld für mich arbeitet und sich am besten vollautomatisch vermehrt. So habe ich ausreichend Zeit für Familie, Freunde, meine Hobbies und Interessen. Ich kann endlich die Welt bereisen und das Leben in vollen Zügen genießen, denn genau darauf habe ich viele Jahre oder sogar bereits seit Jahrzehnten hingearbeitet.

✓ Ich möchte mit meinem Wissen jungen Unternehmern helfen, deren Geschäftsidee erfolgreich zu verwirklichen. Ich möchte nicht nur Geld in irgendwas investieren, sondern aktiv bei der strategischen Planung mitwirken und so meine Erfahrung von Anfang an mit einfließen lassen. Vielleicht gewinne ich so auch etwas mehr Anerkennung aus meinem Umfeld, weil dieses mit der Zeit erkennt, dass ich ein Gespür dafür entwickelt habe, die besten Investments am Markt frühzeitig zu identifizieren und es eben nicht nur einmaliges Glück war.

- ✓ Ich möchte gerne in ein Unternehmen investieren, welches vollkommen transparent arbeitet und dem ich vertrauen kann.
- ✓ Ich möchte als Experte frühzeitig erkennen können, welche Wachstumsaussichten ein Unternehmen hat, ob deren Prognosen und Annahmen realistisch, optimistisch oder utopisch sind.
- ✓ Ich möchte, dass mit meinem Geld nicht irgendein Unternehmen und irgendein Unsinn finanziert wird, sondern dass durch meine Investition in der Welt grundsätzliche gesellschaftliche Probleme gelöst werden.
- ✓ Ich möchte gerne mit meinem Investment Steuern sparen oder zumindest die Steuerlast nicht weiter erhöhen. Ich bin der Meinung, der Staat profitiert am Ende deutlich mehr davon, wenn ich die Steuern einspare und in Systeme investiere, die letztlich dem Staat bedingt durch hohen Konsum am Ende der Nahrungskette deutlich höhere Steuergewinne versprechen.
- ✓ Ich möchte gerne erfahren, wie in den USA Startups Bewertungen in Milliardenhöhe erhalten und welche Strategien hinter der ganzen Sache verfolgt werden.

✓ Ich möchte durch mein Investment an elitäres Wissen herankommen, damit ich zukünftig genauestens anhand der Persönlichkeitsprofile der jeweiligen Gründer bzw. Führungskräfte erkennen kann, ob ein Unternehmen zum Scheitern verurteilt ist oder doch meine vollste Aufmerksamkeit genießen sollte, weil es sich möglicherweise um ein einzigartig gutes Startup bzw. Unternehmen handelt.

✓ Ich möchte gerne jemanden als Berater oder Coach an meiner Seite haben, der mich topfit macht in punkto Persönlichkeitsanalyse und Vertrauensmanagement, sodass ich als Vertrauensmagnet automatisch die besten Investmentmöglichkeiten anziehe, die ich mir nur vorstellen kann.

✓ Ich möchte gerne wissen, wie man ein Unternehmen bewerten kann, solange es noch keinen Gewinn abwirft – die bisherige traditionelle BWL-Lehre hilft hier unlängst nicht mehr weiter und verwehrt mir so den Zugang zu einem durchaus lukrativen Startup-Markt, der bislang nur auserwählten Investoren vorbehalten war.

✓ Ich möchte gerne wissen, wie ich überprüfen kann, ob ich dem Anlage- bzw. Finanzberater, Immobilienmakler bzw. Bauträger vertrauen kann oder nicht.

✓ Ich möchte gerne einen Berater bzw. Makler haben, der mich versteht und mir zuhört.

Sobald Du Deine eigenen 4 bis 5 oder gar mehr Gründe gefunden hast, beantworte bitte nun noch die nachfolgenden drei Fragen, bevor Du mit dem Lesen fortfährst:

Welche positiven Konsequenzen sind in einem Monat (6 Monaten, 1 Jahr, 3 Jahren) zu erwarten, wenn Du (wieder) anfängst Dir selbst und anderen zu vertrauen?

_____
_____
_____

Welche positiven Konsequenzen sind zu erwarten, wenn andere Dir ihr Vertrauen (wieder) schenken?

_____
_____
_____

Welche negativen Konsequenzen sind in einem Monat (6 Monaten, 1 Jahr, 3 Jahren) zu erwarten, wenn Du nichts unternimmst und alles so bleibt wie es derzeit ist?

_____
_____
_____

Warum wir glauben, von der gleichen Sache zu reden, es aber häufig nicht tun...

Das Zauberwort heißt: *„Wolkenwort"* – Was ist ein Wolkenwort? Ein Wolkenwort ist z.B. *„Liebe"*, „Anerkennung", „Wertschätzung", „Beziehung", „Erfolg" usw.

Doch was verstehst Du darunter wirklich? Stell Dir einmal vor, Du befragst 20 Menschen auf der Straße, was für diese „Erfolg" bedeutet.

Wie viele verschiedene Antworten erhältst Du mit sehr hoher Wahrscheinlichkeit? Ist es die gleiche Antwort, die Du auf die Frage gegeben hättest oder eine andere?

Kommunikationsproblem Nummer 1 in unserer Gesellschaft ist, dass wir von etwas sprechen, ohne über die *Bedeutung* zuvor gesprochen zu haben. Für den einen ist es bereits ein Erfolg, wenn er bzw. sie jemandem zuhören darf, morgens mit beiden Beinen gesund aus dem Bett kommt oder sich selbständig die Zähne putzen kann, für den anderen ist es erst ein Erfolg, wenn er bzw. sie den roten Ferrari in der Einfahrt stehen, die eine Traumfrau bzw. den einen Traummann gefunden und am besten die gesamte Welt bereist hat.

Wie Du vielleicht gerade merkst, geht Dein Gegenüber nicht automatisch von der gleichen gedanklichen Verbindung aus, die Du selbst mit dem Wort „Erfolg" oder eines der anderen zuvor genannten, verbindest. Welche

Auswirkungen hat das darauf, dass sich Dein Gegenüber durch Dich verstanden fühlt?

Genauso wie Erfolg ist auch Vertrauen ein „Wolkenwort". Aus diesem Grund gebe ich Dir an dieser Stelle zunächst einen Einblick, was mit „Vertrauen", „Selbstvertrauen", „Urvertrauen" und „Universelles Vertrauen" gemeint ist.

„Solange man selbst redet, erfährt man nichts."

Marie von Ebner-Eschenbach

Die verschiedenen Arten von Vertrauen

Was ist Vertrauen?

Vertrauen ist die *Wurzel* jeder zwischenmenschlichen Beziehung. Es ist der *Glaube* daran, dass das, was Dein Gegenüber Dir verspricht, der *Wahrheit* entspricht. Sprich, wir sind von einer Sache, von einer Handlung, von einem „sein" *überzeugt* und stellen es nicht mehr in Frage. Vertrauen hat *keinen Anfang* und *kein Ende*, es *wirkt immer* – rund um die Uhr, an 365 Tagen im Jahr. Vertrauen ist zudem der Glaube daran, dass Du Dich auf jemanden bzw. etwas *verlassen* kannst und dessen Fähigkeiten bzw. Eigenschaften ausreichend sind, um etwas Bestimmtes zu erfüllen.

Doch Vertrauen ist noch viel mehr. Napoleon Hill schrieb schon vor fast einem Jahrhundert in seinem Bestseller „Denke nach und werde reich":

> *„Vertrauen ist die Quintessenz, die dem Gedanken Leben, Kraft und Wirksamkeit verleiht."*
>
> Napoleon Hill

Danach schrieb er unmittelbar, dass Du diesen Satz besser 3-4x lesen solltest. Er winkte also im wahrsten

Sinne des Wortes hier mit dem Zaunpfahl, dass Du diesen Satz besser mehrfach lesen und interpretieren solltest, da er ein Geheimnis in sich trägt. Ich folgte seinem Ratschlag und fand in diesem ein so genanntes *„Golden Nugget"* – ja, ich möchte sogar behaupten, dieses „Golden Nugget" führt zu einer Goldader zurück, die mit keinem Geld der Welt zu bezahlen ist.

Die Vorgehensweise, wie ich auf dieses „Golden Nugget" gestoßen bin, erfährst Du Schritt-für-Schritt beschrieben im passenden Workbook zum Buch.

Vertrauen ist das Herz aller Gedanken...

Napoleon Hill schrieb, dass jeder Gedanke, soll er bei Dir selbst oder bei einem Deiner Mitmenschen etwas Bestimmtes bewirken oder verändern, zunächst einmal zum Leben erweckt werden muss. Doch...

Wie erweckst Du einen Gedanken zum Leben?

Auch wenn Napoleon Hill in seinem Meisterwerk unglaublich viel verrät, dieses Geheimnis blieb darin tatsächlich ein Geheimnis. Bevor Du dieses gleich erfährst, hier zunächst noch die Interpretation des Ganzen: Ohne Vertrauen sind Gedanken *leblos* – oder umgangssprachlich ausgedrückt: *„Deine Worte gehen bei Deinem Zuhörer durch das eine Ohr rein und durch das* *andere sofort wieder raus…! Du hättest Dir also das Gesagte auch gleich sparen können…!"*

Hirnforscher haben herausgefunden, dass uns täglich zwischen 50 und 60 Tausend Gedanken erreichen. *Jeder* dieser Gedanken wird *automatisch* durch unser Unterbewusstsein *abgespeichert*, obwohl wir davon nur einen winzig kleinen Bruchteil bewusst erleben und durchdenken. Doch welche Gedanken schaffen es letztlich in unser Bewusstsein? Es sind die Gedanken, die es geschafft haben, sich mit einem *„Herzen"* zu verbinden, sprich, es handelt sich um die Gedanken, die mit Vertrauen in Berührung gekommen sind.

Was heißt das für Dich konkret?

Bevor sich andere mit Deinen Gedanken überhaupt auseinandersetzen oder beschäftigen (können), musst Du zunächst deren Vertrauen gewinnen und aufbauen. Erst dann kannst Du anderen Menschen etwas mitteilen, ihnen einen Rat geben oder diesen helfen.

Weiter bedeutet das für Dich, dass Vertrauen die Basis für jede zwischenmenschliche erfolgversprechende Kommunikation darstellt. Gelingt es Dir nicht, das Vertrauen Deiner Mitmenschen zu gewinnen, dann ist jedes Gespräch überflüssig, weil Deine Worte von diesen gar nicht „gehört" werden.

Ja, Deine Worte landen im Unterbewusstsein Deines Gegenübers auf einem gigantischen Müllplatz aller leblosen Gedanken. Und falls Du hoffst, dass sich Dein Gegenüber an Deine Worte (noch) erinnert, wenn er dazu bereit ist, dann bedenke immer, wie viele „leblose" Gedanken täglich auf diesen Haufen hinzukommen...

Wie wahrscheinlich ist es also, dass er sich daran (nochmals) erinnert? Vielleicht verstehst Du jetzt, warum Vertrauen eine der besten Zeitmanagementmethoden überhaupt darstellen kann.

> *„Alles Reden ist sinnlos,*
> *wenn das Vertrauen fehlt."*
>
> Franz Kafka

Was ist „Urvertrauen"?

Urvertrauen entsteht, wenn Du zu 100 % von etwas überzeugt bist und es überhaupt keine Zweifel gibt, dass es auch anders sein könnte. Einfache Beispiele hierfür sind das Vertrauen darauf, dass wir ohne darüber bewusst nachdenken zu müssen, atmen, sehen, hören, riechen, schmecken und fühlen können.

Ohne Urvertrauen, könntest Du dieses Buch nicht lesen, denn Du vertraust darauf, dass Deine Augen die einzelnen Buchstaben, die diese gerade wahrnehmen, blitzschnell in Deinem Kopf verarbeiten und zu Worten und Sätzen umformen und letztlich mit Millionen von anderen bereits durchdachten Gedanken verbinden oder vergleichen.

Du vertraust unbewusst weiter darauf, dass diese neuen Informationen in diesem Buch Dir dabei weiterhelfen, Deine bestehenden Gedanken so zu ordnen, dass entweder schon in der Einleitung oder spätestens im letzten Kapitel so genannte „Aha-Erlebnisse" eintreten. Dies können Erkenntnisse oder Geistesblitze sein, die beispielsweise dann entstehen, wenn Du der Wurzel einem oder gleich mehrerer Deiner Probleme auf die Schliche gekommen bist oder sogar bereits einen ersten Lösungsansatz dafür gefunden hast.

Wie Du dem Ganzen entnehmen kannst, ist es nicht möglich „*nicht*" zu vertrauen. Letztlich ist *alles* im Leben Vertrauen.

Was ist Selbstvertrauen?

Selbstvertrauen ist der *Glaube in Deine eigenen Kräfte und Fähigkeiten* und damit verbunden die *Grundlage*, die Dir die *Sicherheit* und die *Zuversicht* gibt, dass Du alles erreichen kannst in Deinem Leben, was Du Dir wirklich wünschst und als Ziel setzt.

Das heißt, Dein Selbstvertrauen ist der Boden unter Deinem selbst geschaffenen sichtbaren Fundament, auf welchem Dein gesamtes Leben aufbaut. Es bestimmt also darüber, ob Du Dich sicher oder unsicher fühlst, ob Du Angst bei einer bestimmten Sache oder Tätigkeit empfindest oder ob Du mit voller Begeisterung an diese Aufgabe herantrittst und die Angst lediglich als *Signal* Deines Unterbewusstseins erkennst, nochmals *neu* über eine Situation *nachzudenken*.

Es ist schließlich die Basis für eine glückliche und harmonische Beziehung mit Deinem Partner, Deinen Eltern, Deinen Kindern, allen weiteren Verwandten, Bekannten und Freunden...

„Sobald Du Dir vertraust, sobald weißt Du zu leben."

Johann Wolfgang von Goethe

Wie Du bereits erfahren hast, können wir nicht „nicht vertrauen". Das heißt, und das ist jetzt wirklich wichtig, dass Du diesen Punkt verstehst: Wenn Du *glaubst*, dass Du über wenig Selbstvertrauen verfügst, dann *vertraust* Du darauf, dass Du eines Tages (wieder) enttäuscht bzw. zurückgewiesen wirst, (wieder) versagst, verlierst, Fehler machst usw.

Und hier beginnt sich der Teufelskreis zu drehen…

Das *Gesetz der Anziehung* besagt nämlich, dass Du das in Dein Umfeld *anziehst*, was Du selbst am meisten über Dich *denkst*. Vertraust Du also darauf, dass Du über wenig Selbstvertrauen verfügst, dann ziehst Du Menschen mit niedrigem Selbstvertrauen an. Vertraust Du darauf, dass Du etwas nicht schaffst, dann wird Dein Unterbewusstsein alles in seiner Macht Mögliche dafür tun, dass Du „*nicht*" enttäuscht wirst, sprich, dass Deine *vorherrschenden Gedanken* „*wahr*" *werden*. Vielleicht erahnst Du bereits, wie mächtig und wertvoll dieser Absatz gerade für Dich war und erkennst, dass es Sinn macht diesen gegebenenfalls ein weiteres Mal zu lesen.

Wie hängt Selbstvertrauen mit Vertrauen zusammen?

Selbstvertrauen ist zugleich die *Basis* für *Mut* und *Entschlossenheit*. Ohne Mut ist es nicht möglich, 100 Prozent ehrlich zu sein. Ohne Entschlossenheit gibst Du viel zu schnell auf. Was heißt das für Deine zwischenmenschlichen Beziehungen? Gemäß dem Gesetz der Anziehung ziehst Du Menschen in Dein Umfeld, die so sind wie Du selbst. Hast Du also nicht den Mut etwas anzusprechen, was Dir in einer zwischenmenschlichen Beziehung nicht passt, dann hat es Dein Gegenüber mit hoher Wahrscheinlichkeit auch nicht. Und dies führt dazu, dass sich meist negative Emotionen aufstauen, bis irgendwann der Frust so hoch ist, dass dieser das Fass zum Überlaufen bringt. Die nächste Enttäuschung ist also vorprogrammiert, wenn Du über ein niedriges Selbstvertrauen verfügst.

Zusammengefasst heißt das, ein ausgeprägtes *Selbstvertrauen ist unabdingbare Voraussetzung* dafür, dass Du anderen Menschen tiefsinnig Dein Vertrauen schenken kannst. Ohne ein ausgeprägtes Selbstvertrauen ist Vertrauen meist eher oberflächlich und vorgetäuscht.

Was ist universelles Vertrauen?

Universelles Vertrauen hat weder einen Anfang noch ein greifbares Ende. Es ist unendlich. Sein Potenzial ist dementsprechend auch nicht in Worte zu fassen. Stell Dir einmal vor, die Erde würde eines Tages aus ihrer Umlaufbahn fliegen, also von ihrer Straße abkommen, weil sie auf der Bahn ausgerutscht ist. Oder stell Dir einmal vor, die Erde würde aufhören sich um ihre eigene Achse zu drehen, weil sich irgendwas in ihr verhakt hat, also irgendein Rädchen...

Genauso unvorstellbar ist es, dass Vertrauen irgendwo endet oder nicht existiert, sprich, Du oder ein anderer einen Riegel vor Vertrauen schieben kann. Universelles Vertrauen ist das Bindemittel von allem mit allem. Es ist im Überfluss vorhanden. Sofern Du Dich an bestimmte universelle Prinzipien und Gesetze hältst, hast Du die Möglichkeit dieses anzuzapfen und als Treibstoff für den Auf- und Ausbau Deines (Selbst-)Vertrauens zu nutzen.

Wie hängt universelles Vertrauen mit Selbstvertrauen zusammen?

Universelles Vertrauen ist der Boden und die Luft rund um Dein Selbstvertrauen und versorgt dieses so mit ausreichend Energie. Oder anders ausgedrückt, falls Dein Selbstvertrauen der Motor für Deinen Erfolg ist, dann ist das universelle Vertrauen der Treibstoff.

Bedeutende Zusammenhänge

Selbstvertrauen und Angst

Warum sich ausgeprägtes Selbstvertrauen und Ängste nicht besonders mögen…

Wie Du bereits erfahren hast, kannst Du nicht „nicht vertrauen". Dies führt dazu, dass Du *entweder* darauf *vertraust*, dass *sich Deine Ängste bewahrheiten* werden und Dein Unterbewusstsein alles Erdenkliche und in seiner Macht stehende tun wird, Dich in diesem Punkt *nicht* zu enttäuschen…

Oder Du *vertraust* darauf, dass Du für jedes noch so große Problem bzw. für jede noch so große Herausforderung in Deinem Leben *eine Lösung finden* wirst. Je nachdem, was die vorherrschenden Gedanken bei Dir sind, bewahrheitet sich das eine oder das andere.

Ein ausgeprägtes Selbstvertrauen ist der geborene Spielverderber für Deine Ängste.

Während Deine Ängste Dich vielleicht lange Zeit wie eine Marionette behandelt haben und Dich immer und immer wieder ärgerten, ist ein ausgeprägtes Selbstvertrauen der geborene Spielverderber Deiner Angst.

Sobald Du über ein ausgeprägtes Selbstvertrauen verfügst, hast Du den Mut und die Entschlossenheit *Licht* auf den wahren Grund Deiner Angst zu werfen. Dies führt fast immer dazu, dass Du augenblicklich die *Angst auslöschst*. Und falls eine Angst tatsächlich berechtigt ist, nimmt Dein Selbstvertrauen diese einfach wie ein Stein in die Hand, dreht diese um und prüft, welche *positive Absicht* hinter der Angst steckt und sucht dann aktiv mit all seinen Kräften nach einer Lösung des Problems.

Vielleicht verstehst Du jetzt, warum sich ein ausgeprägtes Selbstvertrauen und Ängste nicht besonders mögen…

Vertrauen und Liebe

„Wenn Du „Liebe" verspüren möchtest, dann „liebe" die Menschen."

Dies ist zwar kein wörtliches Zitat aus Stephen R. Coveys weltweiten Bestseller, ist aber eine Aussage, die definitiv seinem Werk entstammt. Hinter dieser Aussage versteckt sich jedoch das Wissen einer kleinen Bibliothek. Stephen R. Covey unterscheidet hier zwischen dem Gefühl „Liebe" und der Handlung „lieben"! Er sagt, möchtest Du ein bestimmtes *Gefühl erhalten, spüren* bzw. *erleben*, dann musst Du dieses *zunächst* einmal anderen Menschen „geben". Damit Du besser verstehst, welche wertvolle Botschaft sich hinter seinen Worten verbirgt, beantworte Dir bitte nun die nachfolgenden Fragen.

Welche(s) Gefühl(e) vermisst Du gerade in Deinem Leben am meisten? (z.B. das Gefühl, geliebt zu werden, gemocht zu werden, akzeptiert zu werden, anerkannt zu sein, bedeutsam zu sein, es wert zu sein, wertgeschätzt zu werden, erfolgreich zu sein, gebraucht zu werden, usw.)

_____
_____
_____

Wie entstehen Gefühle?

_____
_____
_____

Was müsstest Du gemäß Coveys Aussage „tun", damit sich an Deinem oben beschriebenen Gefühlszustand etwas ändern kann?

_____
_____
_____

Lässt sich (Selbst-) Vertrauen auch in ein Gefühl und in eine Handlung unterteilen?

_____
_____
_____

Inwieweit ist (Selbst-) Vertrauen Voraussetzung dafür, dass die oben genannten Gefühlszustände erreicht werden können? Warum?

_____
_____
_____

Vertrauen und Sicherheit

„*Vertrauen ist gut, Kontrolle ist besser*" – ein weit verbreiteter *Glaubenssatz*. Doch ist dem wirklich so? Was passiert eigentlich, wenn Du von jemanden das Vertrauen *geschenkt* bekommst und Dir z.B. ein einzigartiges und anspruchsvolles Projekt mit einem bedeutsamen Ziel anvertraut wird und Dir *sämtliche Freiheiten gelassen werden*, wie Du dieses erreichst? Fühlst Du Dich dann für die Erreichung dieses Ziels verantwortlich? Fühlst Du Dich dann *geehrt* und *anerkannt*, gegebenenfalls sogar *bedeutend*? Du weißt, Du müsstest lediglich 1x im Monat bzw. 1x im Quartal kurz berichten, wie Du mit dem Projekt vorankommst, sonst steht es Dir vollkommen frei, von wem bzw. woher Du Dir Rat bzw. Hilfe holst. Was würdest Du vermutlich alles unternehmen, um denjenigen, der Dir das Projekt anvertraut hat, *nicht* zu enttäuschen?

Und nun stell Dir einmal vor, Du würdest während des Projektes *wöchentlich* oder gar *täglich* kontrolliert werden, welchen Unterschied macht das aus? Wie wirkt sich das auf Dein Selbstvertrauen aus?

Da Du inzwischen weißt, dass Selbstvertrauen bzw. Selbstsicherheit die Wurzel allen Erfolgs sind, kannst Du Dir den Ausgang dieses Projektes sicherlich erahnen: Durch Vertrauen entsteht ein hohes Maß an *Sicherheit* und *Verantwortungsbewusstsein*, während ständige Kontrolle dazu führt, dass das Verantwortungsbewusstsein abnimmt. Je mehr Verantwortungsbewusstsein vorhanden ist, desto bessere Entscheidungen werden getroffen und je besser die getroffenen Entscheidungen sind, desto besser sind schließlich auch die Ergebnisse.

Fazit:

Sicherheit ist genauso wie die Liebe unterteilbar in ein *Gefühl* und in ein *Tun*. Das Gefühl von Sicherheit erlangst Du dadurch, dass Du anderen Verantwortung *überträgst*, an diese und an deren Fähigkeiten *glaubst* und diesen das auch regelmäßig wörtlich *mitteilst*.

Das Gefühl von *Selbstsicherheit* erlangst Du, indem *Du selbst Verantwortung übernimmst, an Dich selbst* und *an Deine Fähigkeiten glaubst*, insbesondere daran, dass Du bereits über alle Fähigkeiten verfügst, die Du für ein glückliches und erfolgreiches Leben benötigst. Und wie Du das erforderliche (Selbst-) Vertrauen (zurück-) gewinnst, erfährst Du im Hauptteil dieses Buches.

Vertrauen und Wachstum - Die Vertrauensformel

Wie (Selbst-) Vertrauen sich auf Wachstum, Schnelligkeit und (versteckte) Kosten auswirkt...

Vertrauen ist im wahrsten Sinne des Wortes *Wachstumstreiber Nummer 1* - egal ob im Privaten, im Beruflichen oder auch im Sport. Sobald Du verstehst, was mit Vertrauen möglich ist, dann stehen dem Erreichen Deiner persönlichen Ziele maximal noch die *Grenzen Deines eigenen Denkens* im Weg. Sobald Du verstehst, was mit dem letzten Satz wirklich gemeint ist, dann darf ich Dir herzlichst gratulieren, denn dann hast Du in Deinem Leben bereits einen der größten Wachstumsschritte überhaupt erreicht.

Wachstum ist ein wesentliches Element unseres Lebens. Ohne Wachstum gäbe es kein Leben und ohne Leben kein Wachstum. Doch wie erreichst Du eigentlich Wachstum und noch viel wichtiger als diese Frage ist zuvor die Klärung, was ist eigentlich Wachstum?

Was ist Wachstum?

Schaust Du nach *Synonymen* im Duden, so erhältst Du hierzu zunächst die nachfolgenden Antworten:

- Entfaltung
- Entwicklung
- Reife(zeit)
- Blüte
- Evolution

Aber auch:

- Anstieg
- Ausbau
- Ausbreitung
- Ausdehnung
- Erhöhung
- Erweiterung
- Hebung
- Steigerung
- Vergrößerung
- Vermehrung
- Vervielfachung
- Zunahme
- Zuwachs
- Expansion
- Potenzierung
- Progression

Wie Du Wachstum interpretieren kannst…

Wachstum ist der Treibstoff für Wohlstand und Reichtum aller Art. Durch Wachstum entstehen neue Ressourcen, neue Chancen, neue Möglichkeiten, neue Gelegenheiten und am allerwichtigsten: *Neue Gedanken und Ideen!* Durch Wachstum lassen sich zahlreiche Probleme lösen und Wachstum zieht weiteres Wachstum an wie ein Magnet.

Um letzteres besser verstehen zu können, ein kurzes Beispiel: Die Plattform „*Amazon*" begann ganz am Anfang mit einer *einzigen Idee* im Kopf von Jeff Bezos. Nur durch Wachstum war es ihm möglich, dass aus dieser Idee mehr wurde, dass sich diese entfalten konnte und schließlich eines Tages zu blühen begann. Doch wie viele Jahre betrug die Reifezeit dieser einstigen Idee? Genoss Amazon das Vertrauen der Menschen bereits von Anfang an oder baute sich auch dieses Unternehmen das Vertrauen *Schritt für Schritt* auf?

Wachstum lässt sich also aus *verschiedenen Blickwinkeln* betrachten – aus dem Privaten, dem Beruflichen, dem Sportlichen, dem Gesellschaftlichen usw.

Wie entsteht Wachstum?

Jeder Wachstumsimpuls entsteht im *Kern* in uns selbst, weil jedes Wachstum letztlich auf einen *Gedanken* bzw. auf *eine (einzigartige) Idee* zurückzuführen ist, die im Kopf eines einzelnen Menschen entstanden ist. Willst Du also Dein Wachstum *selbst bestimmen*, dann musst Du die Anzahl der *Wachstumsimpulse*, sprich, die Anzahl der Gedanken *erhöhen*, die Dich zum Nachdenken anregen. Oder auf Deutsch ausgedrückt: Lese Bücher, höre Hörbücher, bilde Dich kontinuierlich weiter – und idealerweise – nimm Dir Zeit zum (*schriftlichen*) Denken!

Sobald Du verstehst, dass Du durch die *Ausdehnung Deines Wissens*, durch die kontinuierliche *Entwicklung*

Deiner Persönlichkeit, durch die *Vergrößerung Deines Einflussbereichs*, durch die *Erhöhung Deiner Ausdauer* und *Zuverlässigkeit* Einfluss auf Dein persönliches und damit letztlich auch auf Dein berufliches Wachstum nimmst, dann kannst Du Dir sicherlich bereits erahnen, welch unbegrenztes Potenzial sich hinter „Vertrauen" verbirgt, denn dieses wirkt wie ein zusätzlicher Multiplikator auf das Wachstum, dessen Faktor Du selbst bestimmen darfst und kannst!

Was hier zwischen den Zeilen steht – **das Gesetz von Innen nach Außen**:

Vielleicht kennst Du die Aussage *„Deine äußere Welt ist der Spiegel Deiner inneren Welt"* bereits. Diese ist eine perfekte Metapher um das *„Gesetz von Innen nach Außen"* zu erklären. Dieses besagt nämlich, dass jede gewünschte Veränderung erst dann zu wahrem Erfolg führt, wenn diese bei Dir selbst begonnen hat, sprich, Du den Weg selbst gegangen bist und so in diesem Punkt als *Vorbild* für andere fungierst.

Möchtest Du also, dass Dich Dein Umfeld mehr wertschätzt, dann beginne zu allererst selbst damit, Dein Umfeld wert zu schätzen. Hast Du das Gefühl, dass Dir Dein Gesprächspartner nicht richtig zuhört, dann frage Dich, wie Du gerne behandelt werden würdest und behandele ab sofort genau so Deinen Gesprächspartner. Du erwartest von Deinem Umfeld, dass dieses Dir vertraut? Du kennst die Antwort...

Falls Du nicht genau weißt, was Du alles verändern und dadurch darauf Einfluss nehmen kannst, dann werden Dir die nachfolgenden Fragen sicherlich weiterhelfen:

Was an Deinem privaten bzw. beruflichen Umfeld passt Dir zurzeit <u>nicht</u>? (z.B. Verhaltensweisen, Umgang mit Kritik, kommunikative Fähigkeiten etc.)

_____
_____
_____

Welches Verhalten, welche Umgangsform, welche Fähigkeit(en) wünschst Du Dir?

_____
_____
_____

Was ist ein Spiegel? Was siehst Du in einem Spiegel?

_____
_____
_____

Was ist mit der Aussage: „Deine äußere Welt ist der Spiegel Deiner inneren Welt" gemeint?

_____
_____
_____

Möglicherweise hast Du bereits erkannt, dass „das Gesetz von Innen nach Außen" eines der universellen Prinzipien ist, mit deren Hilfe Du das universelle Vertrauen anzapfen kannst.

Fazit:

Jedes Wachstum, *jede* Veränderung, *jede* Entwicklung beginnt bei Dir selbst und *nicht* bei anderen. Wenn Du Vertrauen aufbauen und diese Fähigkeit zum Blühen bringen möchtest, dann beginnt dieser Prozess – so schwer es dem ein oder anderen auch fallen mag – zunächst bei Dir selbst. Erst im zweiten Schritt kannst Du dann als Vorbild Einfluss auf andere nehmen, sofern Du es dann überhaupt noch willst…

Vertrauen & Schnelligkeit – Wie schnell darf's denn sein?

Wenn Du die Wahl hättest, einen VW Golf oder einen Ferrari zu nehmen, um an Dein selbst gestecktes Ziel zu gelangen, wofür würdest Du Dich entscheiden? Während hier die Antwort meist wie aus der Pistole geschossen kommt, fällt die Antwort beim Thema Vertrauen komischerweise anders aus. Warum ist das so?

Ganz einfach, es ist erneut eine Angst, die tief in manchen von uns wurzelt. Die *Angst vor dem Kontrollverlust*, die *Angst*, dass zu schnelles Wachstum uns *überfordern* könnte. Die *Angst*, dass sich *Fehler* einschleichen und wir diese nicht rechtzeitig erkennen und beheben können. Die *Angst*, etwas wirklich *Wichtiges zu verpassen* usw.

Doch haben diese Ängste es tatsächlich *verdient*, *über Dein Leben zu entscheiden* und Einfluss auf Deine Umsetzungsgeschwindigkeit zu nehmen? Haben diese es verdient, mehr Aufmerksamkeit zu erhalten als die Chancen, die sich durch die höhere Schnelligkeit ergeben?

Vertrauen schafft *Dynamik* und *Schnelligkeit*, während Misstrauen wie ein Bremsklotz wirkt, manchmal sogar auf den ersten Blick wie ein unüberwindbares Hindernis erscheint und Dich in Handlungsstarre versetzen kann. Falls Du von letzterer einmal in irgendeiner Situation erwischt worden bist oder just in diesem Moment das Gefühl hast, in einer festgefahrenen Situation angekommen zu sein, dann frage Dich einfach, *wer* dafür verantwortlich ist, aus dieser „Starre" herauszutreten und *wer* dafür verantwortlich ist, die entsprechenden Entscheidungen herbeizuführen.

Wie Du Unmögliches möglich machst...

Kennst Du das Problem, dass Du immer wieder vor der ein oder anderen Herausforderung stehst und diese gefühlt „unmöglich" bzw. unüberwindbar erscheint? Dann gibt es hierfür einen einfachen und schnell umsetzbaren Tipp, wie Du diesen Gedanken ein für alle Male eliminierst. Nimm Dir ein Wörterbuch, falls Du z.B. noch einen alten Duden o. Ä. besitzt und nimm Dir eine Schere zur Hand. Schlage das Wörterbuch auf und suche nach dem Wort *„unmöglich"*, schneide es vollständig aus, betrachte es ein letztes Mal und danach darfst Du es gerne feierlich anzünden (aber bitte draußen im Freien) und zusehen, wie sich das Wort im wahrsten Sinne des Wortes *in Luft auflöst*.

Wie Du siehst, nichts ist unmöglich, sogar Unmögliches kannst Du in Luft auflösen, wenn Du weißt wie es geht. Ja, vielleicht denkst Du Dir jetzt, das klingt zu einfach um wahr zu sein. Bevor Du jetzt voreilig darüber urteilst, mache ich Dir einen Vorschlag:

Du probierst es einfach mal aus, mehr, als dass das Wort in Deinem Wörterbuch bzw. Duden dann fehlt, kann ja nicht passieren... Möglicherweise musst Du nun immer, wenn Du das Wort unmöglich hörst oder liest, an diese Stelle im Buch denken. Keine Sorge, wenn dem so ist, dann weißt Du, dass dies beabsichtigt war...

Von möglich zur Möglichkeit...

Sobald Du erkennst, dass jede „Unmöglichkeit" lediglich eine *Grenze Deiner eigenen Vorstellungskraft* darstellt, wird es spannend, weil gerade hier beginnt es interessant zu werden und fordert Dich und Dein Selbstvertrauen erst so richtig heraus.

Falls Du Dir z.B. sagst, dass es unmöglich ist, innerhalb eines Jahres das Vertrauen in Deinem gesamten Umfeld auf ein völlig neues Level anzuheben, dann wäre dies zum Beispiel die perfekte Gelegenheit, diese einzigartige Chance bzw. diese Möglichkeit am Schopf zu packen und es einfach einmal auszuprobieren...

Und vielleicht kannst Du es Dir bereits denken, ob Du letztlich wirklich ein ganzes Jahr dafür brauchst oder es deutlich schneller schaffst, liegt einzig und allein wieder darin, wo die Grenzen Deiner eigenen Vorstellungskraft erreicht werden bzw. anders ausgedrückt, welche Geschwindigkeit Du Dir selbst zutraust...

Falls Du Dich zum Beispiel schon einmal gefragt haben solltest, wie es Facebook, Twitter, Google, Amazon, Ebay und Co geschafft haben, innerhalb so kurzer Zeit zu wachsen, dann ist eines sicher, deren Vorstellungskraft, was in der Welt möglich ist, ist weitaus größer als wir häufig denken...

*Das wirklich *Kleingedruckte* - bzw. die (versteckten) Kosten des Misstrauens*

Stell Dir einmal vor, Du schließt einen Vertrag ab und stellst nach wenigen Wochen fest, dass Du durch diesen unbewusst ein Abonnement eingegangen bist, aus welchem Du so schnell nicht mehr herauskommst. Wie konnte das passieren? Ganz einfach, Du hast in den vielen Paragrafen des Kleingedruckten *das Kleingedruckte des Kleingedruckten* nicht gelesen. Nun, zum Glück gibt es so etwas nicht in der deutschen bzw. europäischen Rechtsprechung bzw. falls es jemand dennoch anwenden würde, so wäre es gemäß den geltenden Gesetzen sicherlich verboten und anfechtbar.

Doch was ist, falls es *versteckte Kosten* gibt, die vollkommen *legal* sind und deren Abonnementkosten sich nicht so einfach auf Deinem Kontoauszug offenbaren? Was ist, wenn *Misstrauen* zu versteckten Kosten führt und so unverhältnismäßig viel *Kapital bindet*, welches jedoch für längst überfällige Investitionen benötigt werden würde?

Sicherlich erahnst Du es schon, Misstrauen kostet nicht nur (Lebens-) Zeit, sondern auch noch unglaublich viel Geld. Das nachfolgende Beispiel wird Dir ein besseres Gefühl dafür geben, welche tatsächlichen Kosten durch Misstrauen in unserer Welt entstehen können:

Seit den Terroranschlägen 2001 wurden beispielsweise die Kontrollen an Flughäfen um ein Vielfaches erhöht. Die

Kosten für die Sicherheitskontrollen, für die Überwachung der Ein- und Ausgänge sowie für die Kontrolle und Durchleuchtung der transportierten Güter sind seither im wahrsten Sinne des Wortes explodiert.

Wie viel Geld wird so Jahr für Jahr an allen Flughäfen weltweit eigentlich gebunden?

Ist es nur das Geld, welches für die Bezahlung des Sicherheitspersonals und für die benötigte Technik gebraucht wird? Oder kommt hier noch hinzu, dass auch die Lebenszeit der Menschen, die diese Kontrolle jeweils passieren müssen, einen Wert besitzt? Falls ja, wie viel Euro darfst Du einer Stunde Lebenszeit zuordnen? Sind es lediglich 10, 20 oder 50 €? Oder ist es vielleicht deutlich mehr?

Wie hoch sind die versteckten Kosten von Misstrauen wirklich?

Allein am Frankfurter Flughafen werden täglich über 170.000 Passagiere befördert. Nimmst Du an, dass jeder Einzelne zumindest 30 Minuten in der Sicherheitskontrolle verbringen muss und dessen Lebenszeit pro Stunde zumindest 10 EUR wert ist, so betragen allein am Frankfurter Flughafen die (versteckten) Kosten für Misstrauen bereits unglaubliche 310 Millionen Euro pro Jahr. Vielleicht verstehst Du allmählich, welch hohen Preis wir bereit sind für Misstrauen auszugeben.

Frage Dich daher besser nicht, wie hoch erst die versteckten Kosten für sämtliche Kontrollen weltweit sind...

Sicherlich sind Sicherheitskontrollen in aktuellen Zeiten wichtig, doch ab wann wird aus einer Sicherheitskontrolle ein Kontrollwahn? Wo ist der Übergang? Wer garantiert Dir, dass durch diese Kontrollen bzw. durch das Einführen zusätzlicher Kontrollen ein „Anschlag" (= *Angst vor Terror*) (besser) verhindert werden kann?

Und welche Auswirkungen das unbewusst auf unser Denken haben kann...

Die Auswirkungen auf unser Denken sind beträchtlich. Grundsätzlich sollte gemäß den Gesetzen eine *Unschuldsvermutung* herrschen und zwar so lange, bis das Gegenteil bewiesen wurde. Doch wie viele Menschen stellen wir so *automatisch* erst einmal *unter Generalverdacht* – zumindest so lange, bis die Sicherheitskontrolle das Gegenteil beweist?

Und nun ersetze bitte im vorherigen Absatz das Wort „Anschlag" durch die nachfolgenden Worte: *„Angst vor Enttäuschung", „Angst vor Fehlern", „Angst vor dem Versagen"*.

Wie im Großen so auch im Kleinen...

So wie die Sicherheitskontrollen an Flughäfen haben wir Menschen auch in unserem Privatleben unlängst *(Kontroll-) Gewohnheiten* eingeführt, die beträchtliche versteckte Kosten verursachen.

Wie oft kontrollierst Du Deine *E-Mails*? 1x pro Woche? 1x täglich? 1x pro Stunde? Wie oft checkst Du, ob Du Nachrichten in Deinem *Messenger*, in *WhatsApp* oder Ähnlichem empfangen hast? Was denkst Du, wenn Du die *blauen Haken* in WhatsApp siehst, der andere Dir aber nicht sofort zurückschreibt?

Wie fühlst Du Dich, wenn Du einen Tag, eine Woche oder gar einen ganzen Monat keine Nachrichten geschaut hast? Hast Du das Gefühl, dann etwas Wichtiges zu verpassen?

Wie viel Zeit verbringst Du pro Monat mit *Kontrollaufgaben*? Wie viele Kontrollaufgaben hast Du gegebenenfalls delegiert? Welche davon sind wirklich sinnvoll und notwendig und welche existieren lediglich, weil niedriges Vertrauen herrscht?

Ich möchte hier weder eine Debatte über die Sinnhaftigkeit von Sicherheitskontrollen an Flughäfen noch zu tief in das Thema Kontrolle und Kontrollzwang eingehen, dennoch sollten die Fragen zum Nachdenken anregen, ob eventuell der gesamte Kontrollwahn lediglich eine Folge von mangelndem Vertrauen in der Gesellschaft und in die Menschheit ist...

Die Auflösung folgt jetzt…

Die *Vertrauensformel*, die unbegrenztes Wachstum sowohl auf persönlicher als auch auf beruflicher Ebene ermöglicht, setzt sich, wie Du sicherlich nun bereits erahnen kannst, aus den Faktoren *Schnelligkeit*, den *versteckten Kosten,* dem *Vertrauen* und dem *Misstrauen* zusammen.

Veränderst Du auch nur eine Variable, so hat dies automatisch eine Auswirkung auf die anderen. Reduzierst Du beispielsweise Dein Misstrauen und damit die versteckten Kosten, so steigt dadurch gleichzeitig das Vertrauen an, welches sich positiv auf die Schnelligkeit und damit auf das Wachstum auswirkt.

Wachstum = Schnelligkeit x Vertrauen − Misstrauen x versteckte Kosten

*„Wer immer tut, was er schon kann,
bleibt immer das, was er schon ist."*

Henry Ford

Die 3 mächtigsten Wurzeln des Erfolgs

Der schnellste Weg zu Geld, Glück, Liebe, Wertschätzung und Vertrauen!

Stell Dir einmal vor Du hättest ein einfaches Geheimrezept in der Hand, welches Dir ohne mühsamen Erwerb von allerlei Zutaten und auch ohne Kochkenntnisse ermöglicht, in wenigen Minuten ein verführerisch gutes Gericht auf den Tisch zu zaubern. Wie würde sich das anfühlen? Wen könntest Du damit beeindrucken oder gar eine große Freude bereiten? Was glaubst Du, wie viele dieser Rezepte gibt es bereits und wie viele davon kennst Du noch nicht?

Das perfekte Kochrezept...

Ein perfektes Kochrezept ist nichts anderes als ein in einfachen Worten geschriebener roter Faden, welcher Dir dabei hilft, die vielen Fehler, die der Koch bei der Entwicklung dieses Gerichts gemacht hat, möglichst zu vermeiden. Ja, das Ziel eines perfekten Kochrezeptes sollte sein, dass Du auch ohne Vorkenntnisse in die Fußstapfen des Küchenchefs treten kannst, seine geheime Gewürzmischung kennenlernst und dann beim gemeinsamen Essen mit Lob und Anerkennung für Deine Kochkünste nur so überschüttet wirst...

Falls Du Dir jetzt gerade denkst, ja aber das perfekte Kochrezept gibt es doch gar nicht, weil Geschmäcker nun einmal unterschiedlich sind, dann gebe ich Dir in diesem

Punkt vollkommen recht. Ein sehr guter Koch würde von sich nie behaupten, dass er vollkommen und perfekt sei. Dennoch weiß er, dass er mit seinem Wissen anderen Menschen helfen kann, gewisse Fehler und damit verlorene Zeit in der Küche zu vermeiden. Er weiß auch, dass die, die seine Rezepte ausprobieren, gewisse Erfolge deutlich schneller genießen werden als die, die auf eigene Faust versuchen, zu kochen - selbst dann, wenn sie nicht alle Zutaten verwenden oder dem Rezept eine eigene individuelle Note verleihen.

… und wie das mit Geld, Glück, Wertschätzung, Liebe und Vertrauen zusammenhängt…

Wie Du sicherlich schon erahnen kannst, gibt es auch Rezepte, wie Du an deutlich mehr Geld in Deinem Leben kommst, wie Du das Glück, die Wertschätzung und die Liebe zu spüren bekommst, die Du Dir tief in Deinem Inneren schon lange wünschst und herbeisehnst.

Es gibt weiter Rezepte, wie Du das Vertrauen anderer für Dich gewinnst und so noch deutlich schneller zum lang ersehnten Erfolg gelangst. Dennoch haben Rezepte auch einen Nachteil:

Was bringen Dir Rezepte, wenn diese im Schrank liegen und Du weiterhin mit Fertiggerichten kochst? Was kann passieren, wenn Du Dir ein Rezept einmal anfangs durchliest, aber während des Kochens nicht mehr in dieses hineinschaust und dann möglicherweise wesentliche Punkte vergisst?

Genau aus diesem Grund solltest Du Dir vor dem Weiterlesen nun zwei bis drei Minuten Zeit nehmen und Dir die folgenden Fragen idealerweise schriftlich beantworten, sodass Du für Dich den größtmöglichen Nutzen aus diesem Buch ziehen kannst.

Weiter solltest Du Dir nun nochmals den Grund bzw. die Gründe durchlesen, warum Du dieses Buch erworben und in die Hand genommen hast. Falls Du diese Frage, aus welchem Grund auch immer, noch nicht beantwortet haben solltest, beginne nun mit der ersten Frage, falls Du dies bereits vorbildlich gemacht hast, kannst Du direkt bei Frage 2 fortfahren…

Was ist der Grund, dass Du Dir dieses Buch gekauft hast?
_____
_____
_____

Was würde sich in Deinem Leben verändern, wenn Du ausreichend Geld zur Erfüllung Deiner Wünsche und Träume zur Verfügung hättest?
_____
_____
_____

Wie würde es sich auf Dein Leben auswirken, wenn Du regelmäßig das Gefühl verspürst, glücklich zu sein, wertgeschätzt und geliebt zu werden? Wie würde sich das auf Dein Selbstvertrauen auswirken?

_____
_____
_____

Welche Vorteile hätte es für Dich, wenn Du zur Bewältigung von schwierigen Herausforderungen einen roten Faden in den Händen halten würdest?

_____
_____
_____

Welche Vorteile hätte es für Dich, wenn Du mehrere Rezepte zur Verfügung hättest, um das Vertrauen anderer für Dich und Deine Interessen zu gewinnen?

_____
_____
_____

Der Zusammenhang zwischen Geld, Glück, Wertschätzung, Liebe und Vertrauen

Geld bringt Sicherheit und Zuversicht, Glück sorgt für Zufriedenheit und inneren Frieden, durch Wertschätzung erlangst Du das Gefühl, für andere bedeutend zu sein, durch Liebe verspürst Du, dass Du für andere Menschen etwas ganz Besonderes in deren Leben, etwas Einzigartiges und Unbezahlbares bist. Diese Gefühle verleihen Dir unvorstellbare Kräfte und ermöglichen es Dir, Dinge zu tun, die Du Dir zuvor nur erträumen konntest. Doch fehlt da nicht noch was? Vielleicht etwas, was still und heimlich *vorausgesetzt* wird? Genau – das Vertrauen!

Auch wenn die Vorteile auf der Hand liegen, mangelt es gleichzeitig vielen Menschen genau an diesen Gefühlen, sie sehnen sich danach und hoffen darauf, dass das wahre Glück bzw. die große Liebe sie eines Tages finden wird. Was sie jedoch häufig nicht ahnen ist, dass das, wonach sie suchen, häufig nicht da zu finden ist, wo sie bereits seit vielen Monaten oder gar seit Jahren suchen…

Erwartungen

Wie der Mangel an Emotionen sich bemerkbar macht...

Stell Dir einmal vor, Du hättest 1 Million Euro auf Deinem Konto. Stelle Dir den Kontoauszug mit der abgedruckten Zahl vor. Siehst Du ihn? Ich weiß, es fällt Dir möglicherweise nicht leicht, wahrscheinlich ist es derzeit sogar eine unvorstellbare Situation für Dich. So lange Du etwas nicht erlebt hast, ist es deutlich schwieriger, sich etwas vorzustellen, weil Dir die Emotionen fehlen, die mit dem Bild automatisch verbunden werden.

Und nun erinnere Dich an eine Situation, in der Du Dich glücklich gefühlt hast, vielleicht sogar verliebt warst oder tiefstes Vertrauen zu einem Menschen genossen hast.

Wie schnell und wie gut siehst Du jetzt ein Bild vor Deinen Augen? Welche Klänge verbindest Du mit dieser Situation? Welche weiteren Gefühle lösen diese Erinnerungen gerade bei Dir aus? Ist es das Gefühl, wonach Du Dich gesehnt hast?

Wie Du gerade wahrscheinlich erkannt hast, verstärkt sich der Mangel eines Gefühls umso mehr, sobald Du einmal oder mehrmals in Deinem Leben dieses Gefühl bereits hattest und es dann plötzlich weggebrochen ist.

Hast Du hingegen etwas noch nicht erlebt, gehört, geschmeckt bzw. etwas noch nicht gesehen, dann fällt es uns schwerer, damit Emotionen zu verbinden und letztlich auch, diese zu vermissen. Den letzten Satz lies bitte jetzt gleich noch einmal. Es ist extrem wichtig, dass Du diesen verstehst.

Wenn sich Erwartungen nicht erfüllen...

Und nun erinnere Dich einmal daran zurück, als Du bestimmte Erwartungen an einen Menschen hattest und dieser Dir diese nicht erfüllen konnte.

Hast Du Dir z.B. einmal gewünscht, dass Dein Gegenüber Dir gegenüber mehr Wertschätzung zeigt, Dir sagt, dass er Dich so wie Du bist, liebt und anerkennt, dass er nicht dauernd Deine Fehler fokussiert, sondern sich auf das konzentriert, was Du bereits gut oder sogar hervorragend kannst?

Wie hast Du Dich gefühlt, als Deine Erwartungen nicht erfüllt wurden? Warst Du enttäuscht bzw. deprimiert oder warst Du lediglich für einen kurzen Augenblick niedergeschlagen und hast relativ schnell wieder das Positive in Deinem Leben und auch bei Deinem Gegenüber fokussiert?

...und was Du tun kannst, damit sich Deine Erwartungen doch erfüllen...

Die letzte Frage des vorherigen Abschnitts beinhaltet mehr, als Du vielleicht gerade denkst. Sie verrät Dir ein

Geheimnis, und zwar, dass Du eine mächtige Freiheit besitzt, die *Freiheit Entscheidungen zu treffen*.

Wer bestimmt eigentlich, ob Du Dich enttäuscht fühlst, wenn ein Ereignis nicht gleich so eintritt, wie Du es Dir ausgemalt hast? Wer bestimmt, ob Du aus solch einem Ereignis die Chance erkennst, neu über die Situation nachdenken zu dürfen und Du so Deinen Fokus neu ausrichten kannst? Wer bestimmt also, ob Du Dich durch ein Ereignis niedergeschlagen fühlst und am Boden liegen bleibst oder wieder aufstehst und an diesem weiterwächst?

Falls Du gerade erkannt hast, wie viel Macht hinter Deiner Freiheit steckt, Entscheidungen zu treffen, dann ist das bereits ein voller Erfolg.

Ich möchte diese Einführung in den Hauptteil dieses Buches mit ein paar Fragen beenden, die Dir dabei helfen sollen noch mehr aus diesen ersten Seiten herauszuholen.

Welche Erwartungen lassen sich einfacher erfüllen, die von anderen Menschen oder die an Dich selbst? Warum ist das so?

_____
_____
_____

Was sind Deine Erwartungen an Dich selbst?
_____
_____
_____

Wie oft erfüllst Du Deine eigenen Erwartungen an Dich selbst?
_____
_____
_____

Falls Du die Erwartungen anderer erfüllen möchtest, was solltest Du tun, um dies sicher zu erreichen?
_____
_____
_____

Wie würde sich das auf Deine Beziehungen auswirken?
_____
_____
_____

Charakter

„Die Wahrheit versteckt sich meist unter der Erdoberfläche..."

Stell Dir einmal vor Du gehst im warmen Spätsommer durch ein Feld spazieren und kommst an einem prächtigen Apfelbaum vorbei. Du siehst bereits von Weitem, dass dieser voll mit schmackhaften Äpfeln hängt und der Baum kerngesund aussieht. Als Du etwas näher herankommst, siehst Du, wie zahlreiche Vögel den Baum als Anflugstation bzw. als Rastplatz nutzen und im Schatten des Baumes ein Bauer seinen Mittagsschlaf genießt. Unterhalb der Baumkrone ist der Boden staubtrocken und Du wunderst Dich, woher er wohl die ganze *Energie* hernimmt, um die Last der Früchte zu halten.

Wie Du das Gelesene kinderleicht behalten kannst...

Damit Du gleich die drei mächtigsten Wurzeln des Erfolgs, die im Wesentlichen Deinen Charakter prägen, besser verstehen kannst und damit Du Dir das Gelesene gleich von Anfang an viel besser behältst, gehe ich nun kurz auf die wesentlichen Bestandteile des Baumes, also auf die Wurzel, den Stamm, die Baumkrone und die Früchte, ein.

Damit der Baum überhaupt leben und gedeihen kann, benötigt er Wurzeln. Die *Wurzeln* sind das *Fundament* des Baumes. Sie sind teils tief im Boden verankert und versorgen den Baum so mit ausreichend Wasser und Nährstoffen, die im nahen Umkreis im Boden vorhanden sind.

Die Wurzeln sind in der Regel so lange *unsichtbar*, bis man nach ihnen gräbt. Wenn man jedoch mit dem Graben beginnt, ist es unvermeidlich, dass man dabei auch Wurzeln verletzt. Dies schafft jedoch erst die Möglichkeit, dass sich zukünftig neues und stärkeres Wurzelwerk bilden kann. Die Beschaffenheit des Bodens trägt wesentlich zum Wachstum der Wurzeln und damit des gesamten Baumes bei. Je nährstoffreicher und lockerer der Boden ist, desto besser kann sich ein breites Wurzelwerk bilden.

Der *Stamm* ist der stärkste Teil eines Baumes. Anhand der Größe bzw. des Umfangs des Stammes lässt sich leicht erkennen, wie viele Jahre der Baum bereits erfolgreich gemeistert hat. Anhand der *Richtung* erkennst Du, wohin der Baum wachsen will. Ist er krumm und schief gewachsen, so waren die Wurzeln anfangs nicht stark genug, um mit seinem schnellen Wachstum mitzuhalten und der ein oder andere Sturm muss den Baum an die Grenzen seiner Belastbarkeit geführt haben. Wenn er gerade gewachsen ist, kann das als ein Zeichen für ein gesundes Wurzelwachstum gesehen werden.

Wie Du Dir das Unsichtbare vorstellen kannst...

Die Größe der *Baumkrone* demonstriert den *Einflussbereich* des Baumes auf sein Umfeld. Er bestimmt in diesem Bereich, was wächst oder nicht wächst. Die Größe des Baumschattens bestimmt, was im nahen Umfeld noch wachsen kann – Pflanzen, die viel Sonnenlicht für ihr Wachstum sowie einen nährstoffreichen Boden benötigen, werden es hier bereits schwer haben, da bei gesundem Wachstum die Wurzeln eines Baumes im Umkreis seines Schattens liegen und diese einen Großteil der Nährstoffe aus dem Boden ziehen.

Die *Früchte*, die der Baum Jahr für Jahr trägt, zeigen seinen *Fortpflanzungswillen*. Je mehr Früchte er trägt, desto schneller möchte er sich in der Welt verbreiten. Die Früchte, die der Baum produziert, dienen vielen Lebewesen als Nahrungsmittel. Auf diese Art und Weise lässt der Baum sein *Umfeld mit* von seinen Erfolgen *profitieren*. Als Dank erhält er in regelmäßigen Abständen die notwendige Pflege und Unterstützung durch sein Umfeld. Zum Beispiel bringt der Landwirt in regelmäßigen Abständen Dünger im Umkreis der Wurzeln aus bzw. stützt Äste, die zu brechen drohen, da sie ein wenig mit Früchten überladen sind.

Wer gibt, erhält mehr zurück, als er je allein hätte erreichen können...

Wie Du siehst, gibt der Baum etwas sehr Wertvolles und zieht damit die Aufmerksamkeit, die Zeit und die Anerkennung seines Umfeldes, welches vom Erfolg des Baumes profitiert, auf sich. Durch den Dünger beschleunigen sich sogar noch seine Entwicklung und sein Wachstum und durch die Hilfe durch Stützen im Herbst wird es ihm überhaupt erst möglich den maximalen Ertrag, den maximalen Erfolg aus seinem Potenzial herauszuholen.

Sicherlich fragst Du Dich nun schon die ganze Zeit, warum ich Dir die 4 wesentlichen Bestandteile eines Baumes kurz erläutert habe, nicht wahr? Nun, die Auflösung ist ganz einfach: Stelle Dir im nachfolgenden Verlauf des Buchs immer wieder den Baum als Sinnbild zur Persönlichkeitsentwicklung und zum (Selbst-) Vertrauensaufbau vor.

Beides baut auf Wurzeln, auf einem Stamm, einer Krone und den letztlich sichtbaren Erfolgen, den Früchten Deiner Arbeit, auf. Auf diese Art und Weise kannst Du Dir ein Vielfaches an Zeit und Mühe sparen, da Du Bekanntes mit Unbekanntem sofort bildhaft verknüpfst und so viel schneller behalten kannst.

Was haben Bäume und Persönlichkeitsentwicklung gemeinsam?

Der Mensch baut sein Leben im Großen und Ganzen auf *drei starken Wurzeln* auf: Den **tiefliegenden internen Überzeugungen,** dem **eigenen Selbstvertrauen** und seinem **Denken**.

Die 1. Wurzel des Erfolgs:
Tiefliegende, interne Überzeugungen

Der Ursprung:

Die *tiefliegenden Überzeugungen*, welche sich zu 95 % in unserem Unterbewusstsein abspielen, *bestimmen* unsere *positiven* wie auch *negativen Glaubenssätze*.

Glaubenssätze sind Sätze, die wir für *wahr* halten. Doch Glaubenssätze sind weder wahr noch unwahr, richtig oder unrichtig. Lediglich unser *Denken* bestimmt, ob wir einen Glaubenssatz als gültig oder ungültig annehmen. Ein Beispiel für einen weit verbreiteten Glaubenssatz kennst Du bereits: *„Vertrauen hat man oder eben nicht...!"*

Gleichzeitig nehmen unsere Glaubenssätze starken Einfluss auf unsere Art und Weise, wie wir denken. Sprich, haben wir negative Glaubenssätze, so lösen diese Glaubenssätze automatisch negative Gedanken und diese wiederrum negative Emotionen bei uns aus. Haben wir stattdessen positive Glaubenssätze, so löst das automatisch positive Gedanken und positive Gefühle aus.

Den Ursprung zu verstehen, ist extrem wichtig, Du solltest daher diesen Abschnitt mindestens noch ein zweites, besser sogar noch ein drittes Mal lesen, bevor Du weiterliest.

Die Spirale beginnt...

Mit diesen positiven wie auch den negativen Gedanken und Gefühlen lösen wir in uns ein *Programm* aus, welches uns entweder in eine *Aufwärts-* oder in eine *Abwärtsspirale* hineinmanövriert.

Dies ist der Fall, weil unsere *Emotionen* starken *Einfluss auf* unser *Verhalten* haben, das wiederum unser *Handeln* bestimmt und die Summe unserer Handlungen letztlich zu unseren *Ergebnissen*, den Früchten, führt.

Die tiefliegenden internen Überzeugungen und unsere Glaubenssätze entsprechen den Wurzeln. Sie sind zunächst unsichtbar und liegen unterhalb der Erdoberfläche. Unser Denken und unsere Gefühle repräsentieren den Stamm, sind also bereits sichtbares Terrain. Unser Verhalten und unser tägliches Handeln bildet die Baumkrone – sie spiegelt 1:1 unsere Fähigkeiten, Fertigkeiten und Kenntnisse wieder.

Die Ergebnisse - also die Früchte, die wir jährlich ernten – stellen die Summe unserer Handlungen dar.

Was heißt das jetzt für Dich?

Bist Du mit den Früchten nicht zufrieden, sprich, hast Du zu wenig Geld auf dem Konto, in letzter Zeit zu wenig Anerkennung, zu wenig Liebe oder Wertschätzung erhalten, zu wenig Freizeit gehabt, zu wenig Freunde in

Deinem Leben, keinen festen Freund oder keine feste Freundin, etc., dann gibt es nur eine Möglichkeit, wie Du das nachhaltig in Deinem Leben ändern kannst:

Und so packst Du das Problem bei den Wurzeln…

Beginne an Deiner Persönlichkeit zu arbeiten und nach den Wurzeln Deiner derzeit unbefriedigenden Ergebnisse zu suchen. Diese Aufgabe und die damit verbundene Arbeit kannst Du weder outsourcen noch kannst Du die Verantwortung hierfür einem Dritten zuschieben. Auch das „vor sich herschieben" ist sinn- und zwecklos, denn die Summe Deiner Ergebnisse und die damit verbundenen Erlebnisse stellen am Ende Deines Lebens Deinen persönlichen Lebenslauf dar (s.a. nachfolgende Grafik).

Und eines kann ich Dir schon jetzt felsenfest versprechen: Je mehr Du an Deiner eigenen Persönlichkeit und an Deiner Fähigkeit Dir selbst und anderen zu vertrauen arbeitest, desto mehr Selbstvertrauen gewinnst Du dadurch fast schon automatisch (zurück). Und je mehr Selbstvertrauen Du (zurück-) gewinnst, desto mehr Vertrauen ziehst Du aus Deinem Umfeld an und desto schneller verändert sich alles, was Du Dir nur irgendwie ausmalen kannst. Den Lohn, den Du für Deine Arbeit erhalten wirst, kannst Du in Worten nicht mehr ausdrücken.

Die Erfolgsleiter

- Lebenslauf
- Handeln
- Ergebnisse & Erlebnisse
- Verhalten
- Positive Emotionen
- Positive Gedanken
- Denken
- Positive Glaubenssätze
- Positive interne Überzeugungen

Erfolg

Wie wirken sich negative interne Überzeugungen auf Dein Leben aus?

_____
_____
_____

Wie wirken sich negative interne Überzeugungen zu „Vertrauen" auf Dein Leben aus?

_____
_____
_____

Was müsstest Du zuerst tun, damit Du Deine gewünschten Ergebnisse erzielen kannst?

_____
_____
_____

> *„Die Naturwissenschaft braucht der Mensch zum Erkennen, den Glauben zum Handeln."*
>
> Max Planck

Der Turbo für Dein Selbstvertrauen...

BRENNENDES VERLANGEN

Das 30-Tage-Power-Workbook:
Wie Du Dein inneres Feuer entfachst und
so das Vertrauen anderer gewinnst...

MICHAEL EBERT

Jetzt scannen!

Die 2. Wurzel des Erfolgs: Vertrauen

Die zweite Wurzel des Erfolgs ist Vertrauen. Und auch dieses lässt sich wie ein Baum in eine Wurzel, in einen Stamm, in eine Krone und in Früchte unterteilen.

Die Wurzeln und der Stamm sind das Spiegelbild zum eigenen *Charakter*. Die Krone und die Früchte, die wir am Ende ernten, spiegeln unsere *Kompetenz* wieder.

Alles beginnt hier beim eigenen *Selbstvertrauen*. Nur, wenn Du Dir selbst wirklich nachhaltig vertraust und an Dich glaubst, wirst Du das Vertrauen anderer für Dich gewinnen. Denn stell Dir vor Du sitzt in einem Flugzeug und der Pilot hat Flugangst, würdest Du diesem Piloten Dein Leben anvertrauen? Ganz gewiss nicht.

Genauso verhält es sich auch beim Vertrauen. Dieses baut auf den *vier Grundlagen der Glaubwürdigkeit* auf:

1. Integrität
2. Absicht
3. Fähigkeiten
4. Ergebnisse

Die 4 Grundlagen der Glaubwürdigkeit:

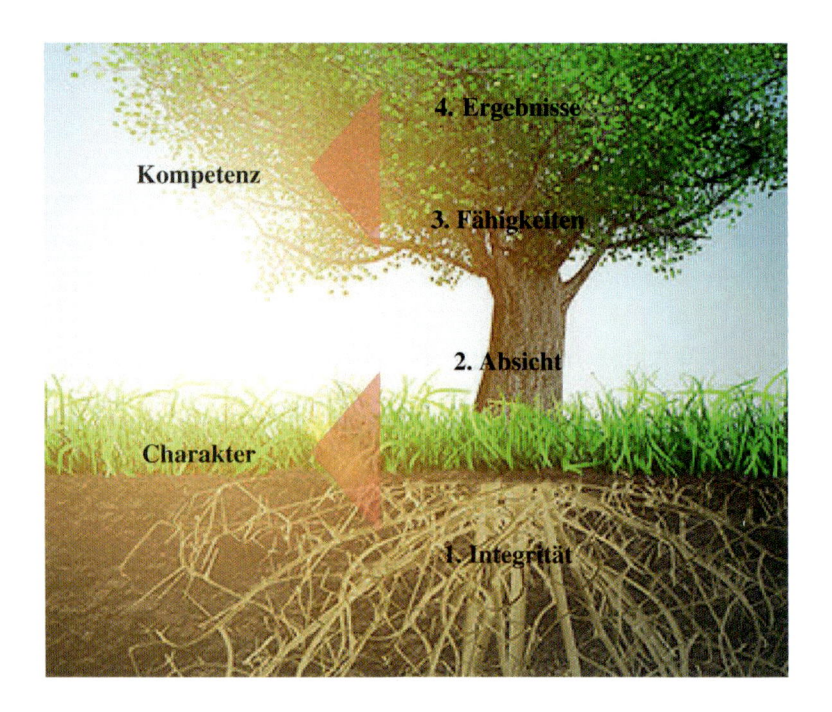

[Abbildung: Baum mit Wurzeln. Oberhalb der Erde: Kompetenz (4. Ergebnisse, 3. Fähigkeiten). Unterhalb der Erde: Charakter (2. Absicht, 1. Integrität).]

Die 1. Grundlage der Glaubwürdigkeit –
Bist Du integer und kongruent?

Wie die Wurzel eines Baumes ist das Selbstvertrauen eines Menschen für Andere unsichtbar – zumindest so lange, bis Du danach gräbst. Und wie oben bereits geschrieben, ist es unmöglich eine Wurzel auszugraben, ohne dabei Verletzungen herbeizuführen.

Dennoch ist das gleichzeitig die einzige Chance, den Boden um sich herum wieder aufzulockern und so Platz zu schaffen, damit sich neues, gesundes Wurzelwerk bilden kann. Diese neuen Wurzeln unterstützen Dich zukünftig dabei, Dir das Leben zu schaffen, welches Du Dir tief in Deinem Inneren wünschst.

Sprich, sie ermöglichen es Dir, dass sich Deine Wünsche und Träume endlich erfüllen. Der Baum wächst also gerade zur Sonne, bildet eine gigantische Krone und ist prächtig gefüllt mit gutschmeckenden Früchten.

Wie Du Dein Selbstvertrauen wieder aufbauen kannst...

Alle Menschen werden mit einem prächtigen Selbstvertrauen geboren. Kinder kennen keine Ängste oder Zweifel, sie haben Mut und probieren erst einmal alles aus und nehmen fast alles in den Mund, was sie in die Finger bekommen. Kinder haben auch keine Angst Fehler zu machen oder hinzufallen, sie stehen einfach so lange wieder auf, bis sie eines Tages laufen können.

Was bedeutet das für Dich? Selbst wenn Du aktuell das Gefühl hast über wenig Selbstvertrauen zu verfügen, steckt in Dir das enorme Potenzial, Dein Urvertrauen anzuzapfen, indem Du es Dir (wieder) in Erinnerung rufst und es so aus Deinem Schlafmodus herausholst.

Das Einzige, was Du hierzu benötigst, sind die richtigen Techniken und auch hier gibt es vielversprechende

Nachrichten: Alles, was Du benötigst, um Dein Selbstvertrauen wiederaufzubauen, besitzt Du bereits.

Damit Du Dein Selbstvertrauen zurückgewinnst, ist es hilfreich, dass Du Dir ein eigenes *Selbstvertrauenskonto* anlegst. Ähnlich wie bei einem Bankkonto ist es auch hier möglich, *Ein- und Auszahlungen* vorzunehmen. Und nun darfst Du einmal raten:

Über was zerbrichst Du Dir öfter den Kopf, über die Ein- oder die Auszahlungen? Was lässt sich einfacher beeinflussen, die Anzahl der Einzahlungen, die Du tätigst oder die Abhebungen, die schon manchmal wie Daueraufträge von Deinem Selbstvertrauenskonto abgehen?

Sicherlich fragst Du Dich nun bereits, was Aus- und was Einzahlungen von bzw. auf Dein Selbstvertrauenskonto sind. Genau darum geht es im nächsten Abschnitt.

Am Ende geht's ums nackte Überleben...

Stell Dir vor, es gäbe eine achtwöchige Dürreperiode im Spätsommer und oben genannter Apfelbaum bekäme kurz vor der Erntesaison einen gewaltigen Nährstoffmangel. Was würde passieren?

Nun zunächst einmal würden sich seine Blätter verfärben und damit dem Landwirt ein erstes Signal geben, dass etwas nicht stimmt.

Wenn daraufhin die Nährstoffversorgung weiterhin ausbleibt, wird der Baum zunächst seine Blätter abwerfen, da die Sonne sonst aus diesen ihm das Wasser immer weiter entziehen würde.

Bleibt nun immer noch die Nährstoffversorgung aus, bleibt dem Baum nichts anderes übrig, als sich von seinen Früchten zu trennen, denn es geht nun ums nackte Überleben. Alles, was sehr weit weg von den Wurzeln ist, wird von der Nährstoffversorgung gekappt, speziell die kleinen Äste in der Krone, an denen eben die Früchte hängen.

Und nun frage Dich besser nicht, was mit der Wertschätzung seines Umfeldes passiert, wenn der Baum auf einmal alle seine Früchte verfaulen lässt und letztlich abwirft. Frage Dich nicht, wie viele Menschen noch in seiner Nähe sein wollen, wenn das einst so schöne schattige Plätzchen unter ihm nun nur noch ein staubtrockener heißer Platz ist, an dem es nach faulem Apfel riecht...

Was hat das nun mit den Auszahlungen vom Selbstvertrauenskonto zu tun?

Auszahlungen vom Selbstvertrauenskonto sind (zum Teil auch unterlassene) Handlungen, die dazu führen, dass gewisse Emotionen nicht mehr erlebt werden und sich dadurch bei Dir Stück für Stück ein Mangel herauskristallisiert. Je länger dieser Mangel anhält, desto sichtbarer wird für Dich dessen Zerstörungskraft. Doch wie kannst Du dessen Zerstörungskraft wahrnehmen?

Ganz einfach, Du bekommst ihn eiskalt durch Dein Umfeld zu spüren. Alles, was Dir in Deinem Umfeld gerade mangelt, z.B. fehlende Wertschätzung, zu wenig Liebe, zu wenig Geborgenheit, zu wenig Vertrauen usw. ist mehr oder weniger ein Spiegel zu den Nährstoffen, an denen es Dir selbst gerade am meisten mangelt. Der letzte Satz ist extrem wichtig und Du solltest ihn Dir mindestens jetzt gleich noch ein zweites Mal durchlesen.

Sicherlich fragst Du Dich nun, wie Du einerseits den Nährstoffmangel erkennen und andererseits was Du tun kannst, damit Du das verlorene Vertrauen und die fehlende Wertschätzung zurückgewinnst und es zukünftig erst gar nicht mehr zu faulen Früchten kommt, nicht wahr?

Die nachfolgenden Fragen und der darauffolgende Schnelltest mit insgesamt 27 Aussagen zum Ankreuzen werden Dir dabei helfen, die passenden Antworten auf diese Fragen zu finden.

Was passiert, wenn Du unbewusst fortlaufend Deinen eigenen Selbstwert untergräbst?

_____
_____
_____

Wie wirkt sich das auf Dein Selbstvertrauen, auf den Glauben an Dich selbst aus?

_____
_____
_____

Wie wirkt sich das auf das Vertrauen gegenüber anderen Menschen aus?

_____
_____
_____

Welche der folgenden Gefühle vermisst Du in Deinem Umfeld? (Liebe, Wertschätzung, Anerkennung, Akzeptanz, Unterstützung, Geborgenheit, Sicherheit, Zuversicht, Motivation, Erfolg, Vertrauen, Spaß, Freude, Humor, andere)

_____
_____
_____

Lies nun nochmals den vorherigen Abschnitt ab der Frage:

„Was hat das mit den Auszahlungen vom Selbstvertrauenskonto zu tun?" durch.

Beantworte Dir nun die folgenden Fragen:

Was ist ein Spiegel?

_____
_____
_____

Was musst Du tun, damit Dein Spiegelbild Dir das gibt, was Du haben möchtest?

_____
_____
_____

Was heißt das in Bezug auf die Gefühle, die Du gerade am meisten vermisst?

_____
_____
_____

Jetzt, nachdem Du die Fragen beantwortet hast, solltest Du bereits über das Wissen verfügen, an welchen Nährstoffen es Dir zurzeit am meisten mangelt. Wir kommen nun zum wichtigsten Teil dieses Buchs:

Wie kannst Du Dein eigenes Selbstvertrauen (wieder-) aufbauen?

Bevor Du gleich durch den Schnelltest konkrete Handlungen erfährst, wie Du Dein eigenes Selbstvertrauen verstärken bzw. wiederaufbauen kannst, folgt zuvor noch die Antwort auf die Frage:

Was sind Einzahlungen auf Dein Selbstvertrauenskonto?

Einzahlungen auf Dein Selbstvertrauenskonto sorgen dafür, dass Deine Wurzeln mit wichtigen Nährstoffen versorgt werden. Wie bei einem gesunden Baum ist auch hier die fortlaufende Bewässerung wichtig, sodass die Nährstoffe über die Wurzeln auch aufgenommen werden können.

Auch solltest Du in regelmäßigen Abständen überprüfen, ob noch ausreichend Nährstoffe im Boden vorhanden sind oder ob es nicht sinnvoller wäre, diesen ein wenig zu düngen.

Nur um Dir ein paar Gedankenanstöße bereits an dieser Stelle mitzugeben, hier ein paar Beispiele an Nährstoffen, die Du für die Entwicklung eines gesunden Selbstvertrauens benötigst:

- Gesunde, ausgewogene Ernährung,
- ausreichend Wasser,
- regelmäßige sportliche Aktivität,

- regelmäßige Weiterbildung,
- soziale Kontakte,
- Freizeit,
- Zeit für Dich selbst,
- Sonnenenergie,
- Ziele und Visionen fürs Leben auf privater, beruflicher, finanzieller, spiritueller und sozialer Ebene sowie im Idealfall auch für Deine Freizeit.

Diese Aufzählung ist bei weitem nicht vollständig, sollte Dir aber einen ersten Eindruck und Einblick geben, welche Nährstoffe Dein eigenes Selbstvertrauen langfristig benötigt, damit Du Dein volles Potenzial auch wirklich ausschöpfen kannst.

Wie gut schneidest Du beim Selbstvertrauenstest ab?

Jede Veränderung braucht einen Startpunkt, sonst lässt sich am Ende die Veränderung nicht aussagekräftig messen.

Stell Dir einmal vor, Du möchtest abnehmen und prüfst nach einem Jahr wie sich z.B. Deine Ernährungsumstellung auf Dein Gewicht ausgewirkt hat. Auch hier benötigst Du, um ein für Dich überhaupt nachvollziehbares Ergebnis aus der Analyse ziehen zu können, einen Ausgangspunkt, das heißt, Du musst Dich anfangs wiegen.

Genauso verhält es sich bei Deinem Selbstvertrauenskonto. Der nachfolgende Test dient dazu, dass Du Deinen persönlichen Status quo erfährst. Bei den nachfolgenden Aussagen handelt es sich sowohl um Ein- als auch um Auszahlungen von Deinem Selbstvertrauenskonto.

Zu jeder Aussage solltest Du Dir selbst eine Note vergeben. Dabei gilt:

Aussage trifft	voll und ganz zu	häufig zu	selten zu	nie zu
Punkte	+ 2	+ 1	0	-1

Bitte nimm Dir nun 5 Minuten Zeit und bewerte die jeweilige Aussage entsprechend der oben vorgegebenen Punktzahlen.

Auszahlungen von Deinem Selbstvertrauenskonto:

- ○ Ich greife manchmal zu Notlügen bzw. verdrehe die Wahrheit in meinem Sinne.
- ○ Ich gehe Problemen lieber aus dem Weg, statt mich diesen zu stellen und sie an der Wurzel zu packen.
- ○ Das was ich denke stimmt nicht immer mit dem überein, was ich sage. Auch mein Handeln deckt sich nicht immer mit meinen Werten.
- ○ Mir sind meine eigenen Werte nicht ganz klar. Über eine Wertehierarchie habe ich noch nicht wirklich nachgedacht. Es fällt mir schwer, mich für etwas einzusetzen, wenn die anderen meine Meinung nicht teilen.
- ○ Ich habe Probleme damit zuzugeben, dass ein anderer recht haben könnte.
- ○ Es ist schwer für mich, Ziele zu setzen und sie auch zu verwirklichen.
- ○ Ich verspreche Menschen Dinge, bei denen ich im Vorfeld schon weiß, dass ich sie nicht einhalten kann.
- ○ Ich erfinde Vorwände, warum ich etwas nicht kann, nur, um es erst gar nicht zu versuchen.
- ○ Ich halte mich nicht an meine mir selbst gesteckten Ziele und Abmachungen.
- ○ Ich schiebe etwas vor mir her, weil es für mich unangenehm ist.
- ○ Ich belüge mich selbst.

- ○ Ich belüge andere.
- ○ Ich mache Dinge, obwohl ich weiß, dass sie verboten sind.
- ○ Ich baue Beziehungen auf „Gewinn-Verlust-Denken" auf. *(Das heißt: Wenn ich gewinne, dann verliert jemand anders!")*

Gesamtpunktzahl der Auszahlungen:

_____ *(max. 28 Punkte)*

Einzahlungen auf Dein Selbstvertrauenskonto:

- ○ Ich bin gegenüber anderen immer ehrlich.
- ○ Ich sage und tue das, was ich denke und fühle. Mein Handeln stimmt mit meinen Werten überein.
- ○ Ich bin mir über meine Werte und auch über deren Hierarchie im Klaren und trete dafür mutig ein.
- ○ Ich bin offen und flexibel für die Ideen und Meinungen anderer und auch bereit meine Idee nochmals zu überdenken.
- ○ Ich blicke der Wahrheit ins Auge und löse meine Probleme, statt über diese zu jammern.

- Ich kann die Versprechen, die ich mir oder auch anderen gebe, einhalten. Sollte ich ein Versprechen nicht halten können, so teile ich dies der anderen Person frühzeitig mit.
- Ich verspreche nur Dinge, die ich auch einhalten kann.
- Ich bin mutig und wage mich auch an schwierige Aufgaben heran, obwohl mir bewusst ist, dass ich daran auch scheitern kann.
- Ich setze mir regelmäßig Ziele und verfolge diese so lange, bis ich sie erreicht habe. Ich bringe Projekte zu Ende.
- Ich beginne jeden Tag mit der derzeit wichtigsten Aufgabe und widme mich erst nach Vollendung dieser Aufgabe meinen weiteren Zielen.
- Ich bin ehrlich zu mir selbst. Ich sehe mich so wie ich derzeit bin.
- Ich halte mich an Regeln und an Absprachen.
- Ich baue Beziehungen auf „Gewinn-Gewinn" oder auf „Kein Geschäft" auf.

Gesamtpunktzahl der Einzahlungen:

_____ *(max. 26 Punkte)*

Kontrollfrage:

Aussage trifft	voll und ganz zu	nicht zu
Punkte	+ 5	-5

○ Ich habe sämtliche Fragen absolut wahrheitsgemäß und ehrlich beantwortet.

Gesamtpunktzahl der Kontrollfrage:

_____ *(max. 5 Punkte)*

Ermittlung des Gesamtergebnisses:

Gesamtpunktzahl Einzahlungen   _____
abzgl. Gesamtpunktzahl Auszahlungen   _____
zzgl. Gesamtpunktzahl Kontrollfrage   _____

Summe: _____

Auswertung:

Hervorragend: 40-45 Punkte

Respekt und meine volle Hochachtung. Auf dieses Ergebnis darfst Du wirklich stolz sein. Bei Dir stehen mit hoher Wahrscheinlichkeit die Menschen bereits Schlange, sie bewundern Dich und geben Dir Empfehlungen, ohne dass Du überhaupt danach fragen musst. Du hast in den vergangenen Jahren bereits hart an Deiner Persönlichkeit gearbeitet und erntest nun den dafür wohlverdienten Lohn. Gratuliere!

Sehr gut: 34-39 Punkte

Herzlichen Glückwunsch. Du hast schon jetzt ein sehr gutes Ergebnis erzielt, worauf Du Dir einmal kräftig auf die Schulter klopfen darfst. Du hast bereits erkannt, dass Du es selbst in der Hand hast Dein eigener Glückes Schmied zu sein. Du arbeitest hart an Deiner Persönlichkeit und freust Dich schon jetzt in regelmäßigen Abständen über die verführerischen Früchte. Für manche musst Du Dich vielleicht noch ein wenig strecken, aber auch das meisterst Du mit links, denn das härteste liegt bereits hinter Dir...

Ausbaufähig: 28-33 Punkte

Glückwunsch zu diesem Ergebnis. Es gibt schon viele Dinge, die Du wirklich gut machst und diese solltest Du Dir nun noch einmal vor Augen halten. Warum gelingen Dir diese besser als andere? Was noch könnte der Grund sein?

Ich habe eine wirklich gute Nachricht für Dich: Du hast Dir soeben mit dem Test und der Beantwortung der Fragen ein Katapult gebaut.

Falls Du auf dieses nun aufspringen und so Deine Persönlichkeitsentwicklung um ein Vielfaches beschleunigen möchtest, dann empfehle ich Dir für die kommenden 30 Tage das 30-Tage-Power-Workbook. Darin erfährst Du genau die Fragen, die Du Dir jetzt stellen musst, um in den nächsten Level aufzusteigen!

Da ist noch Potenzial nach oben: < 28 Punkte

Aller Anfang ist schwer, aber dennoch gratuliere, dass Du Dir dieses Buch bis hierhin durchgelesen hast: Du hast soeben einen der wichtigsten Schritte in Deinem Leben vollzogen: Jetzt, wo Du Deinen Status quo kennst und genau die Wurzeln erkannt hast, die bislang an Nährstoffmangel gelitten haben, hast Du Dir nun überhaupt erst die Möglichkeit geschaffen, etwas an Deiner Situation zu verändern. Ich empfehle Dir u.a. die Fragen aus dem 30 Tage-Power-Workbook durchzugehen, sodass Du schon heute den Spatenstich für eine blühende Zukunft setzt!

*„Eine Investition in Wissen bringt
noch immer die besten Zinsen."*

Benjamin Franklin

Was das Bankkonto und das Selbstvertrauenskonto gemeinsam haben...

Stell Dir mal Deinen letzten Kontoauszug vor. Welche Gefühle entstehen, wenn Du den neuen Kontostand direkt nach einer größeren Einzahlung siehst?

Und welche Gefühle entstehen zum Monatsende, nachdem alle Abbuchungen und Abhebungen erfolgt sind?

Ist es bei Dir nicht manchmal so, dass Du Dich über Einzahlungen und Geldeingänge freust und damit positive Emotionen verbindest? Und ist es nicht so, dass Du Dir über manche Abhebungen und Abbuchungen hingegen tagelang den Kopf zerbrichst und viel Zeit damit verbringst, diese möglichst niedrig zu halten?

Was ergibt eigentlich mittel- bis langfristig mehr Sinn: Sich auf die Abhebungen zu beschränken oder sich mehr auf die Einnahmen - und damit verbunden - auf die Summe der Einzahlungen zu konzentrieren?

Falls Du Dir gerade die vorherigen Fragen beantwortet hast, solltest Du nun bereits erahnen, dass es sich genauso bei Deinem Selbstvertrauenskonto verhält.

Dein *Fokus* sollte hier glasklar auf den *Einzahlungen* liegen, denn nur so kannst Du wirklich *über Dich hinauswachsen*. Viele Auszahlungen sind häufig das Ergebnis vergangener Handlungen, durch Einzahlungen hingegen nimmst Du aktiv Einfluss auf die Gegenwart und gestaltest damit Deine eigene Zukunft.

Warum ist es überhaupt so wichtig, dass Du Dir selbst vertrauen kannst?

Das Selbstvertrauen bildet nebst Deinen tiefen internen Überzeugungen und Deinen Glaubenssätzen das Wurzelwerk für Deinen persönlichen Lebensbaum. Je stärker und unerschütterlicher Dein Selbstvertrauen ist, desto selbstbewusster wirst Du in Deinem Leben sein, desto mehr Glaubwürdigkeit wirst Du erzielen und letztlich auch die meisten Früchte in Form von Glück, Wertschätzung, Liebe, Anerkennung und Vertrauen ernten.

Und falls Du das Wort Geld in der Aufzählung vermisst: Kredit kommt aus dem lateinischen Wort „*credere*" und heißt so viel wie „*glauben*" – sprich, der Glaube daran, dass man sein Geld sicher „zurückerhält". Was heißt das für Dich, falls Du das Gefühl hast zu wenig Geld zu haben?

Ein stabiles Selbstvertrauen stärkt außerdem Dein Selbstbewusstsein. Dieses ist für andere zum Beispiel bereits durch Deine *Körpersprache*, Deine *Körperhaltung* oder Dein *Auftreten* sichtbar. Zudem schafft Selbstvertrauen eine *innere Ruhe* und *Gelassenheit* – nichts scheint Dich aus der Bahn zu werfen, auch wenn es gerade noch so stürmt oder schneit. Ja, Du wirkst wie ein Fels in der Brandung. Du siehst in jedem Rückschlag eine Chance und in jedem „nein" lediglich ein „noch nicht!". Du bist der Steuermann Deiner eigenen Persönlichkeit und hast somit das Ruder selbst in der Hand.

Je stärker Dein Selbstvertrauen ist und je mehr Selbstbewusstsein Du hast, desto mutiger wirst Du.

Darüber hinaus erspart Dir Selbstvertrauen viele schlaflose Nächte, weil Du nicht mehr so häufig von Sorgen geplagt wirst und es gibt Dir die Werkzeuge an die Hand mit Problemen geschickt umzugehen und diese erfolgreich zu managen. Ich wage sogar zu behaupten, dass ein ausgeprägtes Selbstvertrauen Dich vor Depressionen, Burnout und harten Niederlagen schützen kann, denn es bringt Dir einfach die notwendige Sicherheit und innere Ruhe stets im Leben die richtigen Entscheidungen zu treffen! Ja, es bringt Dir außerdem die Sicherheit zu wissen, dass Du selbst Dein Leben meistern kannst und es selbst in der Hand hast, der Mensch zu werden, der Du wirklich sein willst!

Auf was Selbstvertrauen alles Auswirkungen hat...

Wie in der Einleitung bereits beschrieben, nimmt Dein Selbstvertrauen direkt bzw. indirekt Einfluss auf alle Deine Lebensbereiche. Ja, es nimmt sogar Einfluss auf Dinge, die Du anfangs vielleicht als „unmöglich" angesehen hättest, doch dazu gleich mehr.

Darüber hinaus beeinflusst Dein Selbstvertrauen auch Dein Selbstbewusstsein: Verfügst Du über ein ausgeprägtes Selbstvertrauen und baust dieses kontinuierlich weiter aus, so stärkt dies Dein Selbstbewusstsein immens. Dein Selbstvertrauen versorgt so Dein Selbstbewusstsein mit ausreichend vielen Nährstoffen, sodass Du schon bald Dein volles Potenzial ausschöpfen kannst.

Das Gesetz der Resonanz -
Wie alles miteinander zusammenhängt...

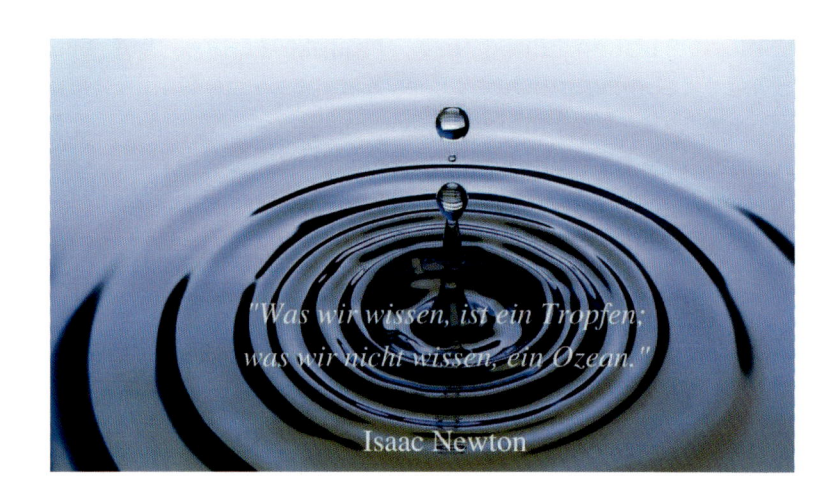

"Was wir wissen, ist ein Tropfen; was wir nicht wissen, ein Ozean."
Isaac Newton

Mit einem stark ausgeprägten Selbstbewusstsein löst Du eine ganze *Kettenreaktion* weiterer *positiver Effekte* aus:

Durch Dein Selbstbewusstsein, welches nicht nur aufgesetzt, sondern durch starkes ausgeprägtes Selbstvertrauen untermauert ist, strahlst Du *positive Energie* aus. Durch diese Energie beeinflusst Du unbewusst Dein Umfeld, da Du als Mensch über ein so genanntes *Resonanzfeld* (Schwingungsfeld) verfügst.

Das Gesetz der Resonanz besagt unter anderem, dass Du ähnlich wie bei einem Wassertropfen, der in einen ruhigen See fällt, Schwingungen auslöst. Dabei löst bereits jeder einzelne Gedanke eine Schwingung aus.

Diese Schwingungen treffen automatisch auf die Schwingungen, die Dein Gegenüber ausstrahlt, sobald Du Dich in dessen Nähe aufhältst. Sind diese Schwingungen *gleich*, entsteht ein Gefühl von *Harmonie* und *tiefem Vertrauen*. Sind diese Schwingungen jedoch *unterschiedlich*, so stoßen sie sich voneinander ab und erzeugen ein *Spannungsverhältnis*.

Wissenschaftler des Heartmath Institute California haben herausgefunden, dass unser Herz von einem riesigen Energiefeld umgeben ist, das einen Durchmesser von ca. 2,5 Meter hat. Das *Herz* fungiert hierbei wie eine Art Vermittler. Es *wandelt* all unsere *Emotionen* und *Überzeugungen in elektrische und magnetische Wellen um* und sendet diese über unseren Körper in unser Umfeld hinaus. Da unser Gehirn auch über diese Fähigkeit und über ein eigenes Energiefeld verfügt, stellten sich die Forscher weiter die Frage, welches der Energiefelder stärker ist.

… und warum allein auf logischer Denkebene das Vertrauen nicht funktioniert…

Sie kamen zu folgendem Ergebnis: Das elektrische Signal des Herzens ist bis zu *60x stärker* als das des Gehirns. Das magnetische Signal des Herzens jedoch ist sogar *5000x stärker*, als das des Gehirns. Das bedeutet für Dich, dass Du über Dein Herz unglaublich viel mehr Energie ausstrahlst und so deutlich größere und stärkere Schwingungen in Deinem Umfeld auslöst.

Vielleicht hast Du bereits bemerkt, dass in diesem Buch mehr steckt, als anfangs angenommen. Auch das ist eine Möglichkeit, um Vertrauen aufzubauen. Doch viel wichtiger als das ist, wie Du es schaffst, dass Du Dir wirklich *von Herzen wünschst Dir selbst und anderen vertrauen zu können*. Denn erst, wenn Du es schaffst ein *brennendes Verlangen* in Dir zu wecken, dass Du Dir selbst und anderen wieder vertrauen kannst, brennt sich das in Dein Unterbewusstsein ein und überschreibt endgültig alte Glaubenssätze und tiefe interne Überzeugungen.

Falls Deine Ängste stärker sind als z.B. Dein Wunsch nach Liebe, Wertschätzung, Anerkennung und Vertrauen, dann hält Dein Herz an diesen eingefahrenen Glaubenssätzen fest und sendet weiter diese Signale in Dein Umfeld aus. Und gemäß dem Gesetz der Resonanz ziehen ängstliche Menschen eben ängstliche Menschen in Ihr Umfeld, Menschen mit ausgeprägtem Selbstvertrauen Menschen mit starkem Selbstvertrauen usw.

Fazit:

Es reicht nicht aus nur zu wissen, dass Du ein stark ausgeprägtes Selbstvertrauen benötigst, um Anderen (wieder) vertrauen zu können. Es reicht auch nicht aus die Werkzeuge einfach nur anzuwenden und Methoden zu kopieren. Es ist vielmehr entscheidend, dass Du Deine *Glaubenssätze und tiefen Überzeugungen veränderst*, damit Du ein neues Resonanzfeld bekommst und somit die richtigen Menschen in Dein Umfeld anziehst.

Letztlich führen ausgeprägte Wurzeln, also ein stark ausgeprägtes Selbstvertrauen und positive interne Überzeugungen dazu, dass Du im Leben Entscheidungen treffen kannst, die alles verändern können. Entscheidungen, die Dir mehr Freiheiten im Leben ermöglichen – nicht nur beruflich bzw. monetär, sondern auch in Bezug auf Deine Emotionen, Deine Gesundheit, Deine Psyche und Deine Spiritualität. Egal ob es Dir um das Gefühl geht geliebt, wertgeschätzt, anerkannt oder respektiert zu werden und zwar so wie Du gerade bist, also mit all Deinen Makeln, Ticks und Verhaltensweisen, falls Du denn welche hast oder ob es Dir darum geht Deinen Sinn des Lebens zu finden, Deine Vision bzw. Deine Bestimmung zu entdecken, all das baut einzig und allein auf Deinen persönlichen Wurzeln auf!

All das, was Du nun mit der ersten Grundlage der Glaubwürdigkeit gelernt hast, lässt sich unter dem Schlüsselwort *Integrität* zusammenfassen:

Wenn Deine Gefühle, Dein Denken und Dein Handeln in sich übereinstimmen, dann bist Du zu 100 % integer. Doch bedenke hierbei stets, Deine Gefühle werden durch Deine Glaubenssätze und diese durch Deine tiefliegenden Überzeugungen und Wertesysteme wesentlich beeinflusst. Deshalb hat dieses Buch auch mit diesem Thema gestartet. Menschen treffen zwischen 90 bis 95 Prozent aller Entscheidungen emotional und rechtfertigen diese dann, wenn überhaupt, noch logisch.

Das heißt, kennst Du Deine Glaubenssätze bzw. Deine tiefliegenden Überzeugungen nicht bzw. bist Du Dir über Deine eigenen Werte nicht im Klaren, dann ist ein integres Leben wie ein Lottospiel: Kleine Gewinne sind hier und da mal möglich, doch der große Gewinn bleibt für die breite Masse aus.

Wie Du den Jackpot knackst...

Stell Dir mal vor, Du könntest jeden Mittwoch und jeden Samstag mit einer 99,999 prozentigen Wahrscheinlichkeit den Jackpot gewinnen, wie wäre das für Dich? Wie oft würdest Du dieses Spiel spielen wollen? Du denkst Dir nun sicherlich, das ist doch „unmöglich" bzw. wenn es das gäbe, dann würde da was nicht mit rechten Dingen zugehen, nicht wahr? Nun, hast Du Dich mal gefragt, warum der Staat Lotto und Glückspiele nicht einfach verbietet? Eben genau aus diesem Grund! Weil bei der staatlichen Lotterie der Sieger zu 99,999 Prozent immer feststeht! Und nun stell Dir mal weiter vor, Du hättest ein System zur Hand, ähnlich wie der Staat das Lotto besitzt, mit dessen Hilfe Du wie ein Uhrwerk Gewinne und Erfolge einfährst. Wie würde sich dadurch Dein Leben verändern?

Wie oben bereits erwähnt, liegen 95 % aller unserer tiefliegenden Überzeugungen und Glaubenssätze unterhalb der Wasseroberfläche. Das heißt, 95 % Deiner Wurzeln sind in der Regel für Dich selbst unsichtbar, sofern Du nicht weißt, wie Du an diese herankommst.

Falls das auf Dich zutrifft, macht es Sinn, einen Blick auf Deine Bodenbeschaffenheit zu werfen. Sprich, wie nährstoffreich ist Dein nahes Umfeld, um der zu werden, der Du wirklich sein willst? Ist ein anderer Baum in Deiner Nähe, der bereits einen großen Schatten auf Dich wirft und den Boden schon stark verwurzelt hat, sodass es für Dich kaum noch möglich ist, gesunde Wurzeln zu bilden? Oder ist in Deinem Umfeld genügend Luft zum Atmen, ausreichend Platz zum Entfalten und viel positive Energie zur fortlaufenden Motivation?

Das Gesetz des Umfeldes –
Wie es Dein Selbstvertrauen beeinflusst...

Das Gesetz des Umfeldes besagt, Du wirst zum Durchschnitt der fünf Menschen, mit denen Du die meiste Zeit Deines Lebens verbringst. Ist Dein Umfeld stark von Menschen mit niedrigem Selbstvertrauen geprägt, dann zerrt das an Deinem eigenen Selbstvertrauen. Dies gilt gleichermaßen, wenn Du Dich mit depressiven Menschen, mit Alkoholikern, mit Drogenabhängigen, mit Straftätern, erfolglosen Menschen usw. regelmäßig umgibst. Umgibst Du Dich stattdessen regelmäßig mit Menschen, die ein stark ausgeprägtes Selbstvertrauen und Selbstbewusstsein haben, dann ist es unvermeidlich, dass das auch auf Dich „abfärbt". Dies gilt gleichermaßen für Menschen, die in glücklichen Beziehungen leben, finanziell frei sind, beruflich erfolgreich sind usw. Früher oder später kannst Du es nicht mehr verhindern, dass Du so wirst wie Dein

Umfeld. Damit Du die tatsächliche Bedeutung Deines Umfelds besser verstehst, empfehle ich Dir die nachfolgenden Fragen schriftlich zu beantworten.

Mit welchen fünf Menschen verbringst Du derzeit die meiste Zeit Deines Lebens?

_____
_____
_____

Wer möchtest Du gerne in fünf Jahren sein?

_____
_____
_____

Welche Gefühle würdest Du erfahren, wenn Du genau dieser Mensch in fünf Jahren bist?

_____
_____
_____

Entspricht Dein Ideal dem Durchschnitt der fünf Menschen, mit denen Du gerade die meiste Zeit Deines Lebens verbringst?

_____
_____
_____

Falls nein, wen solltest Du aus Deinem Umfeld meiden und mit wem solltest Du Dich öfter treffen?

_____
_____
_____

Was passiert in den nächsten fünf Jahren, wenn Du an Deinem Umfeld nichts änderst?

_____
_____
_____

Welche Gefühle und welche Erlebnisse würdest Du so in den nächsten fünf Jahren mit hoher Wahrscheinlichkeit nicht erleben?

_____
_____
_____

Die 2. Grundlage der Glaubwürdigkeit
Kennst Du Dein Motiv?

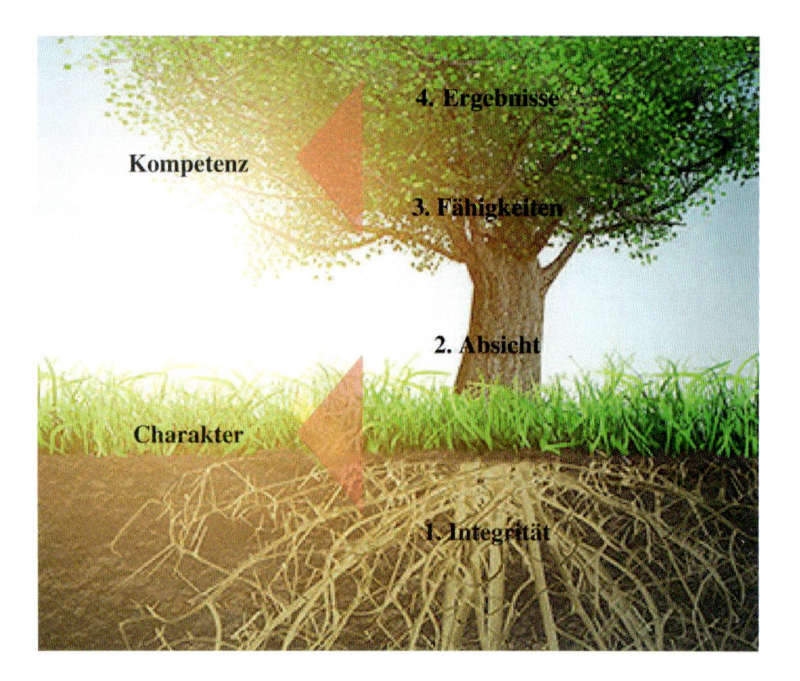

Die zweite Grundlage der Glaubwürdigkeit bildet Dein *Motiv* bzw. Deine *Absicht, warum* Du etwas tust. Dein Motiv bzw. Deine Absicht spiegelt den Stamm Deines Lebensbaums wider. Und je länger Dein Motiv bereits anhält, je länger Du daran arbeitest, desto sichtbarer wird es für Dich selbst und Dein Umfeld, sprich, der Stamm wird dicker und die Erlebnisse und die Erfahrung für alle sichtbar. D.h. ohne ein klares Motiv bzw. ohne ein klares Ziel vor Augen, ist es nicht möglich eine starke Krone auszubilden und dann die Früchte zu ernten.

Wie beim Selbstvertrauen gibt es auch hier *klare Verhaltensmuster*, die darauf hinweisen, ob jemand ein ausgeprägtes Motiv hat oder nicht.

Der nachfolgende Schnelltest soll Dir helfen Deinen Status quo zu ermitteln, sodass Du eine solide Ausgangsbasis für Deine zukünftige Entwicklung hast und Deine Verbesserungen von Zeit zu Zeit messen kannst. Die Verhaltensweisen und Aussagen sind Anzeichen dafür, ob es Dir entweder an einem Motiv bzw. an einer klar definierten Absicht mangelt oder ob dieses Motiv bzw. diese Absicht bereits mehr oder weniger stark ausgeprägt vorhanden ist.

Aussage trifft	voll und ganz zu	häufig zu	selten zu	nie zu
Punkte	+ 2	+ 1	0	-1

Bitte nimm Dir nun wieder 5 Minuten Zeit und bewerte die jeweilige Aussage entsprechend der oben vorgegebenen Punktzahlen.

Folgende Verhaltensweisen und Aussagen sind Anzeichen dafür, dass es derzeit noch an einem Motiv bzw. einer klar definierten Absicht *mangelt*:

- ○ Andere Menschen sind mir nicht besonders wichtig, abgesehen von denen, die mir sehr nahestehen! Ich denke nicht viel über Dinge nach, die mit mir und meinem Leben zu tun haben.
- ○ Ich überlege nicht groß, warum ich was mache. Ich habe bisher nicht versucht meine Absichten und Motive zu hinterfragen oder zu verbessern.

- ○ Beim Umgang mit anderen konzentriere ich mich darauf das zu bekommen, was ich will.
- ○ Mein Verhalten deutet nicht unbedingt daraufhin, dass ich um das Wohlergehen der anderen bemüht bin!
- ○ Tief in meinem Inneren habe ich das Gefühl, wenn ein anderer etwas bekommt, so bedeutet das zugleich, dass ich es nicht bekommen kann.
- ○ Ich halte nicht sehr viel davon Ziele zu setzen, denn dann wird mir bewusst, wenn ich etwas nicht erreicht habe.
- ○ Ich habe das mit dem „Ziele setzen" schon einmal versucht, doch es hat nicht funktioniert.
- ○ Ich brauche keine Ziele, ich lebe in den Tag hinein.
- ○ Ich lasse mich schnell durch gute Ideen bei meiner Arbeit unterbrechen und verzettele mich dann.
- ○ Ich schmiede häufig große Pläne, doch komme danach nicht in die Umsetzungsphase.

Gesamtpunktzahl negative Anzeichen:

_____ *(max. 20 Punkte)*

Folgende Verhaltensweisen und Aussagen sind *positive* Anzeichen dafür, dass es ein klar ausformuliertes Ziel, ein Motiv bzw. eine bestimmte Absicht gibt:

- ○ Andere Menschen und ihr Wohlergehen liegen mir sehr am Herzen!
- ○ Ich bin mir meiner Motive bewusst und arbeite daran immer das Richtige aus den richtigen Gründen zu machen.
- ○ Ich suche nach Lösungen, die ein Gewinn für alle Beteiligten sind.
- ○ Mein Verhalten zeigt deutlich, dass ich mich wirklich um das Wohlergehen anderer bemühe!
- ○ Ich bin ehrlich davon überzeugt, dass es immer mehr als genug für alle gibt.
- ○ Das „Ziele setzen" ist für mich keine „schöne Sache", sondern ein „muss", weil ich weiß, nur so kann ich meine persönliche Entwicklung messbar machen. Erst durch das „Ziele setzen" und regelmäßige Ausformulieren werden Gedanken freigesetzt, die mir den richtigen Weg aufzeigen.
- ○ Durch das „Ziele setzen" werden mir zahlreiche Schwächen überhaupt erst bewusst und nur so kann ich mich weiterentwickeln und aus Fehlern lernen.
- ○ Ich brauche Ziele, damit ich weiß wohin ich gehen soll.
- ○ Ich habe eine klare Struktur, wie ich täglich arbeite und lasse Unterbrechungen nur zu bestimmten Zeiten und Wochentagen zu. Ich führe ein Ideenbuch, in welches ich fortlaufend Ideen, die mir bei der Umsetzung meiner Hauptziele aufkommen, hineinschreibe, damit ich mich nicht verzettele und den Kopf fürs Wesentliche frei habe.

○ Ich nehme mir regelmäßig eine „Auszeit" für strategische Planung und notwendige Kurskorrekturen, setze aber danach konsequent den Plan um und gebe niemals auf.

Gesamtpunktzahl positive Anzeichen:

_____ *(max. 20 Punkte)*

Kontrollfrage:

Aussage trifft	voll und ganz zu	nicht zu
Punkte	+ 5	-5

○ Ich habe sämtliche Fragen absolut wahrheitsgemäß und ehrlich beantwortet.

Gesamtpunktzahl der Kontrollfrage:

_____ *(max. 5 Punkte)*

Ermittlung des Gesamtergebnisses:

Gesamtpunktzahl positive Anzeichen _____
abzgl. Gesamtpunktzahl neg. Anzeichen _____
zzgl. Gesamtpunktzahl Kontrollfrage _____

───

Summe: _____

Auswertung:

Hervorragend: 30-35 Punkte

Herzlichen Glückwunsch. Du hast Dein Ziel laserscharf fokussiert! Du bist in diesem Punkt bereits ein klares Vorbild und weißt ganz genau, was Du in Deinem Leben erreichen willst. Weiter so!

Sehr gut: 22-29 Punkte

Glückwunsch. Du kannst Dein Ziel schon sehr gut in Worte fassen und hast einen sehr guten Plan in den Händen, wie Du dieses erreichen willst. Du befindest Dich auf Kurs, also volle Fahrt voraus und behalte Deinen Kompass im Auge!

Ausbaufähig: 15-21 Punkte

Sehr gut. Du weißt schon ziemlich genau, was Du in Deinem Leben erreichen willst. Du weißt zudem, in welche Himmelsrichtung Du ungefähr gehen musst, um an Dein Ziel zu kommen. Falls noch nicht erfolgt, empfehle ich Dir die schriftliche Ausarbeitung eines Plans, wie Du Dein Ziel erreichen möchtest. Falls Du lernen möchtest, wie Du ein klares Ziel für Dein Leben findest, dann empfehle ich Dir die Fragen aus dem 30-Tage-Power-Workbook durchzugehen.

Da ist noch Potenzial nach oben: < 15 Punkte

Das Gute ist, Du kennst nun Deinen Status quo und Dein Entwicklungspotenzial ist im Vergleich zu den anderen noch am Größten! Dennoch solltest Du Dich fragen, ob Du wirklich ein klar formuliertes Ziel besitzt, wofür Du auch brennst. Falls nicht, empfehle ich Dir das 30-Tage-Power-Workbook. In diesem erfährst Du u.a. wie Du Dir einen groben Rahmen steckst, um in die richtige Richtung loslaufen zu können.

Bist Du mit dem Mittelmaß zufrieden oder greifst Du nach den Sternen?

Die zuvor getroffenen Aussagen und Verhaltensweisen zeigen Dir deutlich, ob Du Dich bis jetzt mit einem Leben im Mittelmaß zufriedengegeben hast oder ob Du lieber nach den Sternen greifen willst und alles dafür unternimmst, Deine Ziele im Leben zu erreichen. Sie zeigen, ob Du geradlinig wie ein Baum zur Sonne emporwachsen willst oder ob Du Dich mit dem zufrieden gibst, was am Fuße eines anderen Stammes gerade noch wachsen kann.

Zusammengefasst bilden Dein Selbstvertrauen, Deine Integrität, Deine Ziele, Deine Absichten und Motive Deinen individuellen Charakter. Alles wonach wir streben, sei es Glück, Zufriedenheit, Wertschätzung, Liebe oder Vertrauen baut auf diesen Wurzeln und auf diesem Stamm Deines Lebensbaums auf. Sprich, hast Du zwar ein starkes Motiv aber schwache Wurzeln, dann reicht in der Regel bereits ein kleiner Sturm aus und Du knickst um wie eine zarte Pflanze.

Hast Du hingegen starke Wurzeln aber kein klares Bild vor Augen, wer Du einmal sein möchtest, was Du werden willst und welches Ziel Du verfolgst, dann sind Scheitern und ein unerfülltes Leben geradewegs vorprogrammiert. Denn worauf soll eine Baumkrone mit den vielen Früchten wachsen, wenn sie nicht von einem stabilen Stamm getragen wird?

Die nachfolgenden Fragen sollen Dir dabei helfen zu verstehen, warum es ausgesprochen wichtig ist, dass Du ein klar formuliertes Ziel bzw. ein ausgeprägtes Motiv in Deinem Leben hast.

Wie wirkt sich ein ausgeprägtes Motiv auf Deine Anziehungskraft aus?
_____
_____
_____

Welches Umfeld ziehst Du an, wenn Du ein klar formuliertes Ziel hast?
_____
_____
_____

Wie und wonach triffst Du Entscheidungen, wenn Du ein klares Ziel vor Augen hast?

_____
_____
_____

Wie und wonach triffst Du Entscheidungen, wenn Du kein klares Ziel vor Augen hast?

_____
_____
_____

Wie wahrscheinlich ist es, dass Du am Ende Deines Lebens das Gefühl hast, Dein Leben in vollen Zügen genossen zu haben, wenn Du die ganze Zeit kein klares Ziel vor Augen hattest?

_____
_____
_____

Fazit:

Wie Du wahrscheinlich schon bemerkt hast, sind *die* erste und die zweite Grundlage der Glaubwürdigkeit *fundamentale Eigenschaften* eines Menschen, die nicht nur seinen *Charakter*, sondern im Wesentlichen sein gesamtes *Schicksal*, ja sein *gesamtes Leben prägen*.

Die Basis für jeglichen sichtbaren Erfolg...

Genau aus diesem Grund ist Persönlichkeitsarbeit unabdingbar, denn sie bildet die Basis und die Grundlage für jeglichen sichtbaren Erfolg.

Erst, wenn Du es schaffst, ein starkes Wurzelwerk zu bilden, ein ausgeprägtes Selbstvertrauen aufgebaut und ein klar definiertes Ziel ausformuliert hast, kannst Du mit dem Auf- und Ausbau Deiner Fähigkeiten, der Entwicklung Deiner wahren Kompetenz beginnen. Beginnst Du jedoch zu früh bestimmte spezifische Fähigkeiten, Kenntnisse und Fertigkeiten zu erwerben, besteht die große Gefahr darin, dass diese nicht im Einklang mit Deinen echten Motiven stehen. Dein wahres Potenzial bleibt dadurch gegebenenfalls ein Leben lang unentdeckt.

Was uns unser gegenwärtiges Schul- und Bildungssystem verschweigt...

Leider baut aber genau darauf unser gegenwärtiges Schul- und Bildungssystem auf. Hast Du in der Schule gelernt wie Du Selbstvertrauen aufbaust bzw. zurückgewinnst? Hast Du gelernt wie Du Deine eigenen Glaubenssätze erforschst und erkennen kannst? Hast Du in Deiner Ausbildung erfahren wie Du Dir Ziele setzt bzw. Dein eigenes Motiv findest? Erwartet man nicht still und heimlich, dass Du diese Fähigkeiten schon in die Schule bzw. ins Studium mitbringst? Wohin führt das eigentlich und welche Konsequenzen hat das mit hoher Wahrscheinlichkeit auf die Wahl Deines Studienfachs bzw. Deiner Berufsausbildung?

Die *Konsequenzen* liegen auf der Hand: Die meisten Schul- bzw. Studienabgänger brennen anfänglich nach Erfolg, bilden sich weiter und immer weiter, doch dann kommt die 1., die 2. und ggfs. die 3. Niederlage und dann geben sie einfach auf. Diese Menschen geben sich mit einem *Leben im Mittelmaß* zufrieden, statt sich zu *fragen, woran es wirklich liegt*, dass sie 2 bis 3 Mal hingefallen sind.

Oder gar schlimmer noch, die Menschen studieren und erkennen dann, dass das was sie gerade tun, nicht das ist, was sie wirklich erfüllt und machen dennoch weiter, weil es das Umfeld so will und von ihnen „verlangt". Sie arbeiten Jahrzehnte in einem Job, obwohl sie genau wissen, dass es der Falsche für sie ist. Jetzt alles nochmal hinschmeißen und von vorne anfangen? Undenkbar – für die meisten zumindest… Und woran liegt das? Ganz einfach: *Mangelndes Selbstvertrauen* – und hier schließt sich nun der Teufelskreis!

Die nachfolgenden vier Fragen werden Dir helfen zu verstehen, welche Konsequenzen es für Dich und unsere Gesellschaft hat, dass diese fundamentalen Eigenschaften nicht unterrichtet werden, sondern es dem Zufall überlassen wird, ob Du Dich damit beschäftigst oder nicht…

Nur einmal angenommen, Du übst derzeit einen Beruf aus bzw. studierst etwas, was nicht dem entspricht, wofür Du wirklich brennst. Was schätzt Du, wie viel Prozent Deines Potenzials bleiben somit unentdeckt?

_____
_____

Welche Konsequenzen hat das möglicherweise in Bezug auf Deinen Umgang mit Niederlagen bzw. Rückschlägen?

_____
_____
_____

Wie wirkt sich das mittel- bis langfristig auf Dein allgemeines Wohlbefinden, auf Deinen Gesundheitszustand und Deine Motivation aus?

_____
_____
_____

Wie viele Probleme könnten gelöst werden, wenn auch nur doppelt so viele Menschen wie bisher ihrer wahren Bestimmung folgen würden? Wie würde sich das auf die Beschäftigung, auf die Steuereinnahmen, auf das Wirtschaftswachstum, auf das Sozialsystem, auf das Gesundheitswesen u.v.m. auswirken?

_____
_____
_____

Die 3. Grundlage der Glaubwürdigkeit –
Bist Du kompetent?

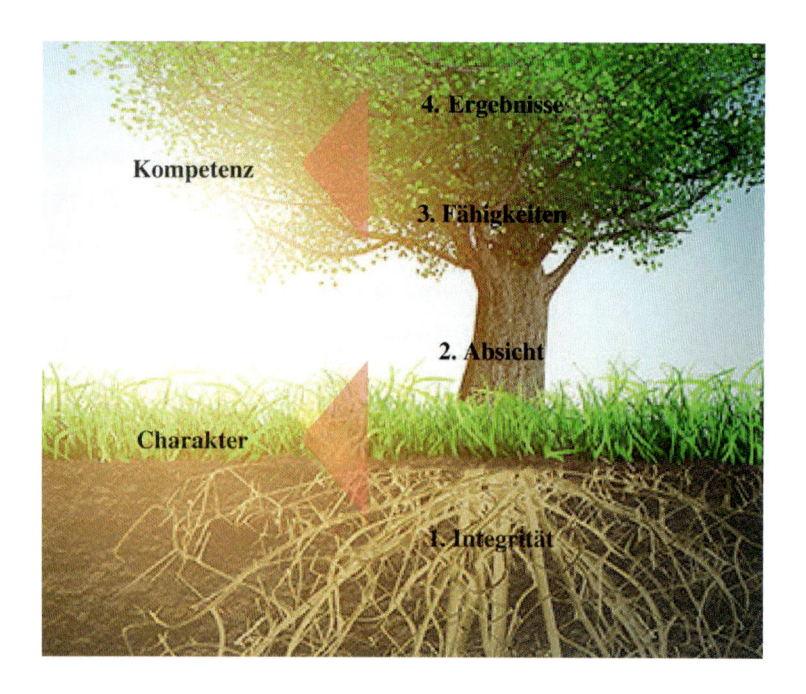

Ab jetzt wird es spannend. Stelle Dir nochmals den prall gefüllten Apfelbaum vor, welcher im Spätsommer auf dem Feld zu sehen ist. Wie ist es möglich, dass all diese Äpfel den Baum dennoch nicht zum Zusammenbruch führen können? Solch ein Erfolg ist doch zu schön um wahr zu sein oder?

Nun, bei genauerem Hinsehen erkennst Du, dass in der Baumkrone *viele Verästelungen* dazu führen, dass das schwere Gewicht der Äpfel *gleichmäßig verteilt* wird.

Ja, die Baumkrone gleicht einem gigantischen *Netzwerk*, einem *System* aus dickeren Ästen und zahlreichen dünnen bis hin zu den kleinsten Zweigen, an denen die Äpfel hängen. Die großen Äste sorgen für die *Gesamtstabilität*, die dickeren, aber bereits kleineren Äste für die *Gewichtsverteilung* und die Kleinen dienen dazu, ausreichend *flexibel* zu bleiben, damit ein Windstoß nicht gleich alle Äpfel vom Baum herunterreißt. Ein nahezu perfektes System, welches hier die Natur geschaffen hat. Doch was hat das nun mit der 3. Grundlage der Glaubwürdigkeit zu tun?

Die Summe Deiner *Kenntnisse, Fertigkeiten und Fähigkeiten* bildet die 3. Grundlage der Glaubwürdigkeit. Unter Kenntnisse sind hier überwiegend „*Fach-*" Kenntnisse gemeint, die Du im Rahmen einer Aus- bzw. Weiterbildung oder einem berufsspezifischen Studium erwirbst.

Die Kenntnisse alleine jedoch haben in sich keinen großen Wert. Sie entsprechen den großen dicken Ästen in der Baumkrone. An diesen wachsen in der Regel keine Früchte. Lediglich angewandtes Wissen und zwar am richtigen Ort, zur richtigen Zeit und bei den richtigen Menschen, führt zu echtem und nachhaltigem Erfolg.

Durch die kontinuierliche Anwendung Deiner Kenntnisse bzw. Deines Wissens wirst Du Schritt für Schritt erfahrener und bildest so Deine Fertigkeiten aus. Je länger und öfter Du etwas machst, desto schneller und einfacher wird Dir die Ausführung der Tätigkeiten fallen.

Im Sport nennt man so etwas den *„Flow-Zustand"* erreichen bzw. beim Autofahren würde man sagen ist es alles, was bereits durch Dein Unterbewusstsein *automatisch gesteuert* wird.

Mit der Zeit wirst Du so automatisch als *„Kapazität"* bzw. als *Experte* in Deinem Fachgebiet wahrgenommen. Je mehr Fertigkeiten Du besitzt, desto belastbarer und demzufolge auch wertvoller wirst Du für Dein gesamtes Umfeld. Die Fertigkeiten entsprechen den Astgabelungen in der Baumkrone.

Die Flexibilität und das Feingefühl der kleinsten Äste bestimmt am Ende den Gesamterfolg...

Was bringen Dir alle Kenntnisse und Fertigkeiten, wenn Du nicht das notwendige Feingefühl und die Flexibilität im Umgang mit Deinen Mitmenschen entwickelst? Sind die kleinsten Äste zu starr, so reißen die Äpfel beim kleinsten Windsturm ab, sind sie zu dünn, brechen sie unter der Last der Äpfel zusammen.

Bei diesen kleinen Ästen handelt es sich um Deine *Fähigkeiten*, um berufsspezifische wie auch berufsübergreifende Kompetenzen.

Zu den *berufsübergreifenden Kompetenzen* gehören z.B. Deine Fähigkeit,

- ✓ erst andere zu verstehen und dann verstanden zu werden,
- ✓ einfühlsam zuzuhören,
- ✓ Kritik sachlich aufzunehmen und kontinuierlich an sich zu arbeiten,
- ✓ in Synergien zu denken,
- ✓ ständig nach echten und nachhaltigen Gewinn-Gewinn-Situationen zu streben,
- ✓ Dir Fehler einzugestehen und die volle Verantwortung für Deine Entscheidungen, Deine Handlungen und Ergebnisse zu übernehmen,
- ✓ mit Geld umzugehen sowie
- ✓ mit anderen Menschen zu kommunizieren und
- ✓ diese bei Bedarf von Deiner Meinung zu überzeugen,
- ✓ u.v.m.

Zu den **berufsspezifischen Fähigkeiten** gehören z.B.

- ✓ ein ausgeprägtes kreatives Denkvermögen,
- ✓ ein analytisches Denkvermögen sowie
- ✓ die strategische Planung in Management- und Führungspositionen,
- ✓ usw.

Der nachfolgende Schnelltest soll Dir helfen Deinen Status quo zu ermitteln, sodass Du eine solide Ausgangsbasis für Deine zukünftige Entwicklung hast und Deine Verbesserungen von Zeit zu Zeit messen kannst. Die Verhaltensweisen und Aussagen sind *Anzeichen* dafür, ob Du bereits über ein hohes Maß an Kenntnissen, Fertigkeiten und Fähigkeiten verfügst oder ob hier bei Dir noch ein gewisses Entwicklungspotenzial vorhanden ist.

Aussage trifft	voll und ganz zu	häufig zu	selten zu	nie zu
Punkte	+ 2	+ 1	0	-1

Bitte nimm Dir nun wieder 5 Minuten Zeit und bewerte die jeweilige Aussage entsprechend der oben vorgegebenen Punktzahlen.

Hast Du ein niedriges oder hohes Maß an Kenntnissen, Fertigkeiten und Fähigkeiten?

Folgende Aussagen und Verhaltensweisen sind Anzeichen dafür, dass bislang nur wenige Kenntnisse, Fertigkeiten und Fähigkeiten vorliegen:

- O Ich habe das Gefühl, dass ich meine Talente in meinem derzeitigen Job nicht voll und ganz ausschöpfen kann.

- Bisweilen fehlen mir erforderliches Wissen und die Fähigkeiten, um meine Arbeit wirklich effektiv zu erledigen.
- Ich nehme mir selten Zeit, mein Wissen und meine Fähigkeiten in den verschiedenen Lebensbereichen zu verbessern.
- Ich bin mir nicht sicher, wo meine Stärken liegen, deshalb konzentriere ich mich mehr darauf, meine Schwächen zu kompensieren.
- Ich weiß nicht sehr viel darüber, wie ich Vertrauen aufbauen kann.
- Vertrauen hat man oder eben nicht!
- Alles muss ich selber machen.
- Wenn ich etwas mache, dann muss es perfekt sein!
- Mitarbeiter kosten viel Geld, Zeit und Nerven.
- Weiterbildung ist teuer und kann ich mir nicht leisten.

Gesamtpunktzahl negative Anzeichen:

_____ *(max. 20 Punkte)*

Folgende Aussagen und Verhaltensweisen sind Anzeichen dafür, dass bereits viele Kenntnisse, Fertigkeiten und Fähigkeiten vorliegen:

- Bei meiner Arbeit kann ich meine Talente sehr gut einbringen und so sehr gute Erfolge erzielen!
- Ich habe mir das Wissen und die Fähigkeiten angeeignet, die ich brauche, um einen wirklich guten Job zu machen.
- Ich baue mein Wissen und meine Fähigkeiten in allen Lebensbereichen konsequent aus.
- Ich kenne meine Stärken ganz genau und konzentriere mich darauf, sie konsequent einzusetzen.
- Ich weiß einiges darüber, wie ich Vertrauen aufbauen kann, ausweite oder wiederherstelle und ich tue mein Möglichstes, dieses Wissen in allen Lebensbereichen umzusetzen.
- „Vertrauen" lässt sich genauso erlernen wie eine Sprache oder Mathematik.
- Ich weiß, nur in einem Team lassen sich wirklich große nennenswerte Erfolge erreichen. Qualitätsverluste werden durch die beschleunigte Umsetzung mehr als kompensiert.
- Ich weiß, Perfektionismus bremst mich bei meiner Entwicklung. Ich muss nicht selbst alles wissen, wenn ich in der Lage bin, andere von meinen Ideen zu begeistern.
- Mitarbeiter sind eine Investition. Flache Hierarchien und wertschätzendes Führungsverhalten führt nachhaltig zu deutlich besseren Ergebnissen und zu einer viel niedrigeren Fluktuation.

○ Weiterbildung ist eine Investition in meine Zukunft. Falls ich weiß, dass eine Weiterbildung für mich sinnvoll ist und ich derzeit noch nicht das notwendige Geld dazu besitze, unternehme ich alles dafür, um dieses Geld aufzubringen.

Gesamtpunktzahl positive Anzeichen:

_____ *(max. 20 Punkte)*

Kontrollfrage:

Aussage trifft	voll und ganz zu	nicht zu
Punkte	+ 5	-5

○ Ich habe sämtliche Fragen absolut wahrheitsgemäß und ehrlich beantwortet.

Gesamtpunktzahl der Kontrollfrage:

_____ *(max. 5 Punkte)*

Ermittlung des Gesamtergebnisses:

Gesamtpunktzahl positive Anzeichen _____
abzgl. Gesamtpunktzahl neg. Anzeichen _____
zzgl. Gesamtpunktzahl Kontrollfrage _____

Summe: _____

Auswertung:

Hervorragend: 30-35 Punkte

Herzlichen Glückwunsch. Bahn frei zu den wohlverdienten Früchten! Du bist ein angesehener Experte in Deinem Fach und weißt genau, wie Du mit Menschen kommunizieren musst. Gratuliere! Du bist bereits für viele Menschen in Deinem Umfeld ein klares Vorbild und weist ganz genau, wie Du in Deinem Leben Deine Kenntnisse, Fertigkeiten und Fähigkeiten einsetzen musst, um Deine Ziele schnellstmöglich zu erreichen. Weiter so!

Sehr gut: 22-29 Punkte

Glückwunsch. Du hast schon einen gewissen Level erreicht und zahlreiche Weiterbildungen hinter Dir. Dir fällt es nicht schwer mit anderen Menschen ins Gespräch zu kommen und diese von Deinen Kenntnissen und Fertigkeiten zu begeistern. Doch manchmal schießt Du noch über das Ziel hinaus und musst noch ein wenig mehr an Deinem Feingefühl arbeiten. Gegebenenfalls solltest Du auch lernen, Verantwortung zu delegieren, sodass Du wieder Zeit fürs Wesentliche hast.

Ausbaufähig: 15-21 Punkte

Sehr gut, Du bist auf dem richtigen Weg, ein echter Experte in Deinem Fachgebiet zu werden. Wie eine Baumkrone müssen auch Deine Beziehungen und Netzwerke zunächst wachsen und gedeihen. In dieser Phase ist es wichtig, dass Du diese Beziehungen ausreichend pflegst und selbst die Initiative ergreifst. Erwarte die Früchte jedoch nicht zu schnell und habe Geduld.

Falls Du die wichtigsten Fähigkeiten trainieren und somit deutlich schneller an Deine Früchte gelangen möchtest, dann empfehle ich Dir das 30-Tage-Power-Workbook zu holen. In diesem lernst Du durch gezielte Fragen genau die Fähigkeiten zu ermitteln, die bei Dir im Moment noch deutlich schwächer ausgeprägt sind als andere. Wie Du sicherlich weißt, bestimmt das schwächste Glied in Deiner Kette Deine Gesamtperformance.

Was denkst Du, wie viel schneller kommst Du an Deine Früchte heran, wenn Du Deine blockierenden Bremsklötze entlarvst und diese von Deinen Rädern entfernst?

Da ist noch Potenzial nach oben: < 15 Punkte

Der Weg ist das Ziel... So haben wir alle einmal angefangen. Doch das Ganze hat einen enormen Vorteil für Dich: Du kannst jetzt gleich den richtigen Weg einschlagen und sparst Dir somit zahlreiche Umwege und viel Lehrgeld. Sicherlich erinnerst Du Dich noch an den Anfang des Buches, als ich Dir die Geschichte vom Koch erzählt habe, der seine besten Gerichte in Form eines ausformulierten Rezeptes seinen Mitmenschen überlässt, damit diese deutlich schneller in strahlende Gesichter blicken und die Liebe und Wertschätzung erhalten, die ihnen gebührt, nicht wahr?

Welche Vorteile hätte es für Dich, wenn Du genau solch ein Rezept zum Erwerb der fehlenden Kompetenzen in den Händen halten würdest, sprich, Du einen roten Faden und ein Begleitheft vor Dir auf dem Tisch liegen hättest, mit dessen Hilfe Du jeden Tag mindestens einen großen Schritt nach vorne kommst?

Wenn Du den direkten Weg einschlagen und deutlich schneller die Früchte ernten möchtest, dann empfehle ich Dir das 30-Tage-Power-Workbook. In diesem Workbook setzt Du bereits den Grundstein zur Entwicklung all der oben genannten Schlüsselkompetenzen.

Fazit:

Zusammengefasst ist die 3. Grundlage der Glaubwürdigkeit die *Phase der Ausdauer*. Erst wer diese Phase mit Erfolg meistert, darf sich nachhaltig auf die großen und leckerschmeckenden Früchte freuen.

Die Krone eines Baumes entwickelt sich über viele Jahre hinweg. Je mehr Verzweigungen sie hat, desto belastbarer ist diese. Erst mit starken Ästen und Verzweigungen ist die Krone überhaupt in der Lage, viele große Früchte zu tragen. Vorher würde sie schon beim ersten kleinen Sturm unter der Last der Früchte einfach zusammenbrechen und all Deine Arbeit der vergangenen Monate und Jahre blitzschnell zerstören.

Warum die meisten Unternehmensnachfolger scheitern...

Stell Dir mal vor, Du würdest alle Früchte eines ausgewachsenen Baumes auf eine 2-jährige Jungpflanze legen, was würde mit dieser passieren?

Genau, sie würde unter der schweren Last zusammenbrechen.

Dies ist zugleich der Grund, warum viele Menschen, die viel Geld erben bzw. im Lotto gewinnen, eine hohe Abfindung erhalten bzw. als Unternehmensnachfolger in die Fußstapfen der Eltern treten, das Vermögen bzw. die Umsätze und den Gewinn nicht „halten" können und innerhalb kürzester Zeit wieder genau dort stehen, wo sie vor dem Erwerb bzw. der Übernahme standen.

Es fehlen ihnen ganz einfach wichtige Kernkompetenzen, die alle erfolgreichen Menschen, entweder bewusst oder unbewusst, gemein haben.

Schritt-für-Schritt zur eigenen Vision...

EDUCATIONSCOUT24.COM

BRENNENDES VERLANGEN

Das 30-Tage-Power-Workbook: Wie Du Dein inneres Feuer entfachst und so das Vertrauen anderer gewinnst...

MICHAEL EBERT

Jetzt scannen!

Die 4. Grundlage der Glaubwürdigkeit
Lieferst Du Ergebnisse?

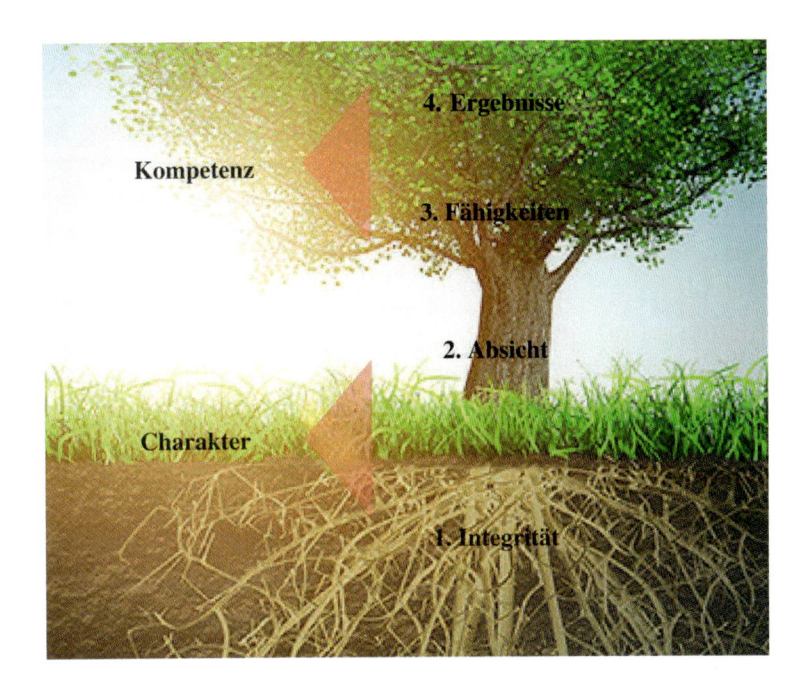

Nichts ist glaubwürdiger als ein Ergebnis *„schwarz auf weiß"*.

Stell Dir vor, es ist Ende September, Erntezeit. Jetzt erst offenbart sich dem Landwirt, ob sich seine Arbeit über das ganze Jahr hinweg gelohnt hat oder nicht. Einige schwere Gewitter im August und September haben dazu geführt, dass seine Plantage nochmals einem letzten Belastungstest unterzogen wurde. Einige Äpfel sind diesen Stürmen zum Opfer gefallen, doch es hängen noch immer beträchtlich viele bunte Äpfel an den Ästen.

Doch der Landwirt weiß aus seiner langen Erfahrung, dass der Schein noch immer trügen kann. Aus diesem Grund nimmt er ein Messer, pflückt sich je drei Äpfel von drei verschiedenen Astgabeln und schneidet diese jeweils in zwei Hälften auf. Damit stellt er einerseits sicher, dass die Frucht wirklich die Qualität hat, die er seinen Kunden verspricht und andererseits lässt er sich so nicht von der Anzahl der glänzenden Früchte blenden. Er überprüft so vielmehr, ob jeder Teil der Krone mit ausreichend Nährstoffen versorgt war oder ob ggfs. ein Teil besonderer Pflege im kommenden Jahr bedarf.

Was bedeutet das nun im übertragenen Sinn auf Deinen persönlichen Erfolg?

Die 4. Grundlage der Glaubwürdigkeit stellen **Beweise**, im Idealfall **Erfolge** und **Ergebnisse dar**, auf die Du zurückblicken kannst. Je mehr Beweise, Erfolge und Ergebnisse Du aufzeigen kannst, desto glaubwürdiger wirst Du. Dennoch lohnt es sich, hin und wieder mal einen Blick auf seine Erfolge zu werfen:

Bauen diese auf einem gesunden Selbstvertrauen und einem ausgeprägten Selbstbewusstsein auf? Durch welche Netzwerke und speziell dank welcher Personen sind die meisten Erträge zustande gekommen? Wächst jede Astgabel gleichmäßig oder entsteht ein

Ungleichgewicht? Ist vielleicht eine Astgabel schon so sehr veraltet, dass es Zeit wird sich von dieser zu trennen und Platz für neues Wachstum zu schaffen, sprich, sind manche Verhaltensweisen noch zeitgemäß oder sollten sie nicht unlängst einer Generalüberholung unterliegen?

Damit Du diesen Abschnitt besser verstehst, bedarf es noch einer weiteren Definition, und zwar:

Was sind Erfolge?

Der wohl am stärksten geschätzte Erfolg ist noch immer der *monetäre Erfolg* in unserer Gesellschaft. Dennoch möchte ich Dir an dieser Stelle meine *7 wichtigsten und einprägsamsten Erfolgsbeispiele und Erkenntnisse* aufzählen, damit Du ein Gefühl bekommst, was noch alles unter den Begriff „Erfolg" fällt:

Für mich ist Erfolg unter anderem die Erkenntnis,

1. dass Du mit Deinem Denkvermögen bereits alle Fähigkeiten besitzt, um alle anderen Wünsche in Deinem Leben zu materialisieren;
2. dass Du die Freiheit besitzt Entscheidungen zu treffen;
3. dass Du selbst nicht alles wissen musst, wenn Du weißt, wie Du Menschen führst und dazu motivierst für einen zu arbeiten;
4. dass Du auch tiefe interne Überzeugungen und Glaubenssätze auflösen und neu formulieren kannst;

5. dass Du Dich durch kontinuierliche Autosuggestion schon im Vorfeld auf Erfolg programmieren kannst;
6. dass sich durch Vertrauen alles exponentiell beschleunigt;
7. dass Du durch Ängste ein Signal Deines Unterbewusstseins erhältst neu über eine Situation nachdenken zu dürfen.

Jetzt, wo Du diese Erfolgsbeispiele gelesen hast, lies bitte nun nochmals den ersten Abschnitt der 4. Grundlage der Glaubwürdigkeit und beantworte Dir im Anschluss die nachfolgenden drei Fragen.

Was hast Du soeben gelernt?
_____
_____
_____

Macht es Sinn Erfolg ausschließlich auf monetärer Ebene zu sehen?
_____
_____
_____

Was würde sich in Deinem Leben verändern, wenn Du Deinen Erfolg auch auf Grundlage der anderen Erfolgsbeispiele aufbaust?

_____
_____
_____

Bist Du bereits erfolgreich? – Dein persönlicher Erfolgstest

Der nachfolgende Test soll Dir helfen Deinen Status quo des Erfolgs zu ermitteln, sodass Du eine solide Ausgangsbasis für Deine zukünftige Entwicklung hast und Deine Verbesserungen von Zeit zu Zeit messen kannst.

Die folgenden Aussagen und Verhaltensweisen deuten darauf hin, dass Du bislang eher wenige Erfolge und Ergebnisse in Deinem Leben erzielen konntest.

Ganz wichtig hierbei:

Bewerte das bitte vollkommen neutral. Mit der Erkenntnis und dem sich „bewusst machen" hast Du nun überhaupt erst die einzigartige Chance daran etwas ganz bewusst zu verändern!

Aussage trifft	voll und ganz zu	häufig zu	selten zu	nie zu
Punkte	+ 2	+ 1	0	-1

Bitte nimm Dir nun wieder 5 Minuten Zeit und bewerte die jeweilige Aussage entsprechend der oben vorgegebenen Punktzahlen.

Die folgenden Aussagen und Verhaltensweisen deuten darauf hin, dass Du bislang eher wenige Erfolge und Ergebnisse in Deinem Leben erzielen konntest:

- Ich kann bisher auf keine besonders guten Ergebnisse und Erfolge in meinem Leben verweisen. Mein Lebenslauf ist bislang nicht gerade beeindruckend.
- Ich bemühe mich genau das zu tun, was man mir gesagt hat.
- Ich tue mir schwer damit meine bisherigen Leistungen überzeugend darzustellen! Entweder sage ich gar nichts oder viel zu viel, sodass ich die anderen damit vor den Kopf stoße.
- Oft bringe ich das, was ich angefangen habe, nicht zu Ende!
- Wie ich meine Ergebnisse erziele ist mir nicht so wichtig. Mir kommt es nur darauf an, dass ich etwas erreiche.
- Eine starke autoritäre Führung ist unabdingbar, sonst macht jeder was er will.
- „Geld regiert die Welt!" – alles andere ist nur Mittel zum Zweck…
- Es kommt nur auf die wirklich großen Erfolge im Leben an, alles andere ist nebensächlich.

- ○ Erfolg geht langfristig zulasten der Gesundheit und zulasten der Familie.
- ○ Ich gewinne erst dann, wenn ich den anderen „eine Scheibe abschneide"!
- ○ Ich glaube, wenn ich jetzt sterben würde, dann wäre die Trauerrede sehr überschaubar und umfasst nur wenige Taten, die meinem Umfeld wirklich in Erinnerung bleiben.

Gesamtpunktzahl negative Anzeichen:

_____ *(max. 22 Punkte)*

Die folgenden Aussagen und Verhaltensweisen deuten darauf hin, dass Du bereits Erfolge und Ergebnisse in Deinem Leben erzielt hast:

- ○ Ich kann anderen bereits Ergebnisse und Erfolge vorweisen und anderen glaubhaft vermitteln, dass ich deren Erwartungen erfülle.
- ○ Ich konzentriere meine Anstrengungen darauf Ergebnisse zu liefern und mich nicht mit unwichtigen Aktivitäten zu verzetteln.
- ○ Ich spreche offen und angemessen mit anderen über meine bisherigen Leistungen und wecke so Vertrauen in meine Fähigkeiten.

- Bis auf wenige Ausnahmen bringe ich alles zu Ende, was ich angefangen habe.
- Ich erreiche meine Ergebnisse immer auf eine Art und Weise, die Vertrauen schafft!
- Ich vertraue auf die Fähigkeiten meiner Mitarbeiter und übertrage diesen mehr und mehr Verantwortung.
- Ich meide Kündigungen, wo und wie es nur geht, weil ich weiß, der Verlust eines erfahrenen Mitarbeiters kostet mich mindestens eins bis zwei Jahresgehälter. Stellt sich jedoch heraus, dass es für beide Beteiligten von Vorteil ist, sich zu trennen, dann stehe ich dieser nicht im Weg, sondern unterstütze ihn weiter, wo ich nur kann.
- Ich denke in „Synergien" und mache auch andere Mitbewerber durch meinen Erfolg noch erfolgreicher.
- Meine Lebensziele und Wertevorstellungen stehen miteinander im Einklang.
- Nur, wenn ich die kleinen Erfolge wertschätzen kann, kann ich später auch die großen Erfolge richtig wertschätzen.
- Ich glaube, wenn ich jetzt sterben würde, dann wäre das für viele Menschen ein tragischer Verlust, jedoch hinterlasse ich so viel Gutes, dass ich noch lange in Erinnerung bleiben werde.

Gesamtpunktzahl positive Anzeichen:

_____ *(max. 22 Punkte)*

Kontrollfrage:

Aussage trifft	voll und ganz zu	nicht zu
Punkte	+ 5	-5

○ Ich habe sämtliche Fragen absolut wahrheitsgemäß und ehrlich beantwortet.

Gesamtpunktzahl der Kontrollfrage:

_____ *(max. 5 Punkte)*

Ermittlung des Gesamtergebnisses:

Gesamtpunktzahl positive Anzeichen _____
abzgl. Gesamtpunktzahl neg. Anzeichen _____
zzgl. Gesamtpunktzahl Kontrollfrage _____

Summe: _____

Auswertung:

Hervorragend: 31-38 Punkte:

Hervorragend. Herzlichen Glückwunsch! Du hast bereits zahlreiche Erfolge in Deinem Leben erzielen können und kannst auf Deine Fähigkeiten und Talente wirklich stolz sein.

Wenn Du auf Deinen Lebensweg zurückblickst, siehst Du unendlich viele Meilensteine, die Du bereits gemeistert hast und Du bist beeindruckt oder gar erstaunt von Deiner eigenen Disziplin und Ausdauer. Du weißt genau, wie Work-Life-Balance auszusehen hat und wie Du Deine Werte mit Deinen Lebenszielen vereinst.

Ich möchte mich bei Dir herzlichst bedanken, dass Du Dir dennoch die Zeit genommen hast, dieses Buch zu lesen. Ich hoffe, dass das ein oder andere dennoch neu bzw. eine gute Auffrischung des vorhandenen Wissens für Dich war!

Sehr gut: 23-30 Punkte

Gratuliere! Dieses Ergebnis ist wirklich sehr gut. Du hast das Potenzial in Dir erkannt und arbeitest kontinuierlich an der Umsetzung Deiner Pläne! Dein Fleiß und die harte Arbeit zahlen sich bereits spürbar aus und dies wirkt auf Dich wie ein Rausch. Du ziehst den Erfolg an wie ein

Magnet, doch vergiss dabei bitte nicht die Work-Life-Balance.

Ab jetzt biegst Du auf die Zielgerade und kannst Dein Ziel schon glasklar vor Deinen Augen sehen. Mit etwas Geschick lassen sich nun der Endspurt und die Work-Life-Balance sogar miteinander kombinieren…

Ausbaufähig: 15-22 Punkte:

Du befindest Dich bereits auf Erfolgskurs, befindest Dich aber noch überwiegend in der Phase der Ausdauer. Das Gute daran ist, Du erlebst gerade ein Wechselbad an bunten Gefühlen, welches so und in dieser Form nur auf dem Weg zu Deinem Ziel zu spüren sein wird. Gerade der Wunsch nach Sicherheit kombiniert mit der Unsicherheit bzw. Ungewissheit, ob es am Ende funktionieren wird, ist ein wunderbarer Reiz und ständiger Adrenalinkick zugleich. Dies sollte Dich anspornen immer weiter zu machen und niemals aufzugeben!

Falls Du ein paar wesentliche Erfolgstipps von mir erhalten möchtest, dann empfehle ich Dir das 30-Tage-Power-Workbook. In diesem erfährst Du unter anderem, wie Du Deine Ergebnisse binnen weniger Monate mindestens verdoppeln kannst, ohne dass Du hierfür mehr Zeit aufbringen musst.

Da ist noch Potenzial nach oben: < 15 Punkte

Aller Anfang ist schwer. Dennoch solltest Du gerade jetzt den Kopf nicht in den Sand stecken, sondern dieses Buch als Deine einmalige Chance im Leben betrachten Deine Ärmel hochkrempeln und ein für alle Mal Dein Leben in die Hand zu nehmen.

Du solltest genau jetzt anfangen an Deinen tiefliegenden Wünschen und Träumen zu arbeiten, nicht morgen, nicht übermorgen, sondern jetzt! Alles andere ist eine Krankheit, die sich „Aufschieberitis" nennt.

Damit Du nicht gleich bei den ersten Schritten auf unheimlichen Widerstand stößt, empfehle ich Dir das 30-Tage-Power-Workbook zu durchlaufen.

Fazit:

Zusammengefasst bildet die 4. Grundlage der Glaubwürdigkeit die *Reifephase*. Erst in dieser Phase verspürst Du den Lohn für all Deine Aufwendungen und Anstrengungen in der Vergangenheit. Sprich, Du profitierst nicht nur monetär von Deinen Leistungen - sondern viel wichtiger noch - auch in Form von faszinierendem Glück, Wertschätzung, Liebe, Vertrauen und Freiheit. All das ist viel mehr wert als Geld allein.

Und abschließend zur 4. Grundlage der Glaubwürdigkeit kommen wir nun noch ein letztes Mal zurück zum Landwirt und zum Apfelbaum:

Was machen Landwirte zum Ende eines Jahres? Genau, sie schaffen Ordnung, Düngen den Boden, schneiden die Bäume zurück und bereiten so alles bereits vor, dass auch das kommende Jahr wieder ein prächtiges Jahr werden kann. Was solltest Du nach der Ernte in regelmäßigen Abständen also tun?

"Erfolg besteht darin, dass man genau die Fähigkeiten hat, die im Moment gefragt sind."

Henry Ford

Die 3. Wurzel des Erfolgs – Die Macht des Denkens:

Die 3. Wurzel geht fließend mit den ersten beiden einher und ist, auch wenn deren Erläuterung verhältnismäßig kurz ausfallen wird, von enormer Bedeutung.

Vielleicht erahnst Du es auch bereits, das gesamte Buch ist so aufgebaut, dass es Dich zum Nachdenken anregen soll. Persönlichkeitsarbeit ist eine Sportart – eine Denksportart! Ähnlich, wie es von entscheidender Bedeutung ist, dass Du Deine Muskeln im Körper regelmäßig trainierst, ist es auch wichtig, dass Du Deine Denkmuskeln regelmäßig am Leben hältst oder besser noch trainierst, sodass diese stärker und stärker werden.

Während der mehrfachen Lektüre von über 10 weltweiten Bestsellern namhafter Persönlichkeiten, wie z.B. Napoleon Hill, Stephen R. Covey, Stephen M. R. Covey, Brian Tracy, Dale Carnegie und viele weiterer mehr hat sich meine Fähigkeit des Denkens stark verbessert.

Und je mehr ich gelesen habe, desto kreativer wurde ich und je kreativer ich wurde, desto einfacher und klarer verstand ich, welche Bedeutung das kontinuierliche Lesen auf mein Denken ausübte.

Durch das Lesen von Bestsellern erhielt ich Zugang zu den Gedanken, die die Autoren während des Schreibens hatten. Durch das Beantworten sämtlicher Fragen in deren Büchern, folgte ich deren Ratschlägen und sparte so unheimlich viel Zeit bei der Umsetzung ein.

Darüber hinaus lernte ich, wie Du die Perspektive und den Blickwinkel eines anderen einnehmen kannst und welche wunderbare Bedeutung hinter den Worten von Stephen R. Covey *„Erst verstehen – dann verstanden werden!"* sich wirklich verbirgt. Einen kleinen Teil dieses Ergebnisses hältst Du nun bereits in Deinen Händen.

Dieses Buch hegt keinen Anspruch auf Vollständigkeit oder Perfektion, da es meiner Meinung nach bei Vertrauen bzw. beim Selbstvertrauen keine Perfektion gibt.

Aufgrund der Tatsache, dass alle Autoren, deren Werke ich studiert habe, selbst in der Summe mehrere tausend Bücher gelesen haben und ich so auf einen Wissensschatz von vielen hundert Lebensjahren zurückgreifen konnte, sollte das Pareto-Prinzip hiermit mehr als gerecht zur Anwendung gekommen sein.

Natürlich gibt es noch unzählig viele weitere Möglichkeiten, wie Du Vertrauen aufbauen, stärken, gewinnen bzw. zurückgewinnen kannst, doch ich bin der festen Überzeugung, dass Du nun mit den 3 Wurzeln des Erfolgs und den 4 Grundlagen der Glaubwürdigkeit die wichtigsten Werkzeuge und Möglichkeiten in den Händen hältst und somit die Grundlage besitzt, Dir ein ausgeprägtes Selbstvertrauen aufzubauen und so das Vertrauen anderer zu gewinnen.

Falls Du darüber hinaus mehr zu den Themen Selbstvertrauen, Vertrauen und Glaubwürdigkeit erfahren sowie weitere 10 universelle Prinzipien kennenlernen möchtest, die tiefsinniges Vertrauen zu Deinen Mitmenschen schaffen, dann empfehle ich Dir meinen kostenfreien Podcast:

„Dein Weg zur Championsleague"

> https://www.educationscout24.com/podcast

In diesem Podcast erfährst Du unter anderem…

✓ wie Du zum einzigartigen Vorbild für Deine Mitmenschen wirst,

✓ wie Du die Herzen Deiner Mitmenschen, Interessenten und Kunden gewinnst,

✓ warum der Kompromiss fast immer die falsche Lösung ist,

✓ wie das „Gesetz von Innen nach Außen" funktioniert und Du so zu einer herausragenden Persönlichkeit wirst und

✓ wie Du eine Lösung findest, die besser und effizienter ist als Deine ursprüngliche Idee.

Den Link zum kostenfreien Podcast findest Du auf:

➢ https://www.educationscout24.com/podcast

Abschließend möchte ich Dir noch die 9 wichtigsten Zitate aus den Büchern, die ich gelesen habe, mit auf den Weg geben. Hierbei handelt es sich um Zitate, die zum Nachdenken anregen dürfen…

Zitate von Stephen R. Covey:

„Wer lesen kann und nicht liest,
hat nie gelernt zu lesen…"

„Du hast die Freiheit,
Entscheidungen zu treffen!"

Zitat von Stephen M. R. Covey

„Vertrauen ist der Faktor,
der alles zum Positiven verändert…!"

⭐ ⭐ ⭐

Zitate von Napoleon Hill:

„Es gibt Menschen, die sind nur
durch ihr Denken reich geworden..."

„Vertrauen ist die Quintessenz, die dem Gedanken
Leben, Kraft und Wirksamkeit verleiht."

Zitat von Brian Tracy:

„Wenn es nur eine Sache gibt, die ich Dir mit auf dem
Weg geben dürfte, dann wäre es die:

„Schreibe regelmäßig Deine Ziele auf!""

⭐ ⭐ ⭐

Zitat von Dale Carnegie:

„Kritisiere niemanden!"

Zitate von Stephen R. Covey:

„Zwischen jedem Reiz und jeder Reaktion ist Zeit"

„Etwas zu wissen und es nicht zu tun,
ist, es nicht zu wissen…!"

Praktische Tipps für die erfolgreiche Umsetzung:

Timothy Ferris schrieb in der „4-Stunden-Woche" einen ganz wichtigen Satz: Über 90 Prozent des Wissens geht wieder verloren, weil es nicht innerhalb von *72-Stunden umgesetzt* wird.

Was sagt Dir das in Bezug auf die kommenden Tage? Welchen Nutzen hast Du davon unendlich viele Bücher hintereinander zum Thema Erfolg und Persönlichkeitsentwicklung zu lesen, Seminare zu besuchen oder Coachings zu nehmen und danach Dich einfach wieder Deinem Alltag zu widmen?

Du hast die Freiheit, eine Entscheidung zu treffen...

Ist es nicht wunderbar zu wissen, dass Du die Freiheit hast, Entscheidungen zu treffen? Möglicherweise triffst Du für Dich jetzt gleich am Ende dieses Buchen, sofern nicht bereits erfolgt, eine ganz persönliche Entscheidung, eine Entscheidung, ob Du Dich mit Deinem bisherigen Leben einfach zufriedengibst oder ob diese Lektüre für Dich der Anfang einer spürbaren Veränderung in Deinem Leben werden soll.

Du triffst also eine Entscheidung, ob Du nun anfängst Dein Selbstvertrauen mit einem Triebwerk zu versehen und so Dich selbst in ein völlig neues Level katapultieren möchtest oder ob Du Dich Deinen Ängsten, Problemen und Sorgen geschlagen gibst und diesen die Macht und die Kontrolle über Dich überträgst.

Wie Du das **Gesetz der Gewohnheit** *für Dich nutzen kannst...*

Das Gesetz der Gewohnheit besagt, dass Du letztlich das Ergebnis Deiner Gewohnheiten bist. Während erfolglose Menschen über sehr viele erfolglose Gewohnheiten verfügen, so haben erfolgreiche Menschen sich *erfolgreiche Gewohnheiten* angeeignet.

Falls Du Dich noch ein letztes Mal an die Gründe erinnerst, warum Du dieses Buch erworben hast, dann stellst Du sicherlich fest, dass Du Dir vorgenommen hast, etwas in Deinem Leben zu *verändern* – entweder bei Dir selbst oder bei anderen.

Voraussetzung dafür, dass Dein Wunsch sich tatsächlich auch erfüllt, ist also, dass eine *Veränderung Deiner Gewohnheiten stattfindet*, weil Deine derzeitige Situation hast Du Deinen bisherigen Gewohnheiten zu verdanken.

Das Gesetz der Gewohnheit besagt weiter, dass etwas zur Gewohnheit wird, wenn Du es *mindestens 30x hintereinander* gemacht oder durchdacht hast. Nach *6 Monaten* kontinuierlichem Tun oder Denken *ist* etwas zur *Gewohnheit* geworden. *Nach rund 10.000 Wiederholungen* wächst Du in einem Bereich bzw. Fachgebiet zum *Experten* heran.

...und was das für Dich bedeutet?

Das heißt, möchtest Du unerschütterliches Selbstvertrauen aufbauen und so das Vertrauen anderer nachhaltig für Dich gewinnen, dann musst Du es Dir zur Gewohnheit machen Dir selbst und anderen zu vertrauen.

Und je schneller Du damit anfängst Deine Gewohnheiten zu verändern, desto eher sagst Du damit Deinem Unterbewusstsein, dass es Dir reicht, Du die Nase voll von dem alten Trott hast und Du die Zügel wieder an Dich reißt. Auf diese Weise erlangst Du am schnellsten die volle Kontrolle über Dein Leben zurück.

Falls Du nun glaubst, dass die Zeit für eine Veränderung gekommen ist, Du Dir diese auch wirklich wünschst und deutlich schneller ein starkes ausgeprägtes Wurzelwerk entwickeln möchtest, dann empfehle ich Dir, die kommenden 30 Tage die Fragen aus dem 30-Tage-Power-Workbook durchzugehen.

In diesem Workbook erfährst Du unter anderem...

- ✓ wie Du Dich von der Angst vor Enttäuschung, vor Zurückweisung und der Angst vor dem Versagen befreien kannst,
- ✓ die 15 häufigsten Ursachen für schwaches Selbstvertrauen,

- ✓ wie Du Deine Vision findest bzw. verstärkst und diese mit Deinen Werten, Glaubenssätzen und Lebensregeln vereinst,
- ✓ die 13 häufigsten Gründe für wenig Glaubwürdigkeit sowie
- ✓ wie Du in nur 21 Schritten das universelle Vertrauensprinzip „Erst verstehen, dann verstanden werden…" erfolgreich in der Praxis anwendest und so in 99 Prozent aller Gespräche tiefsinniges Vertrauen aufbauen kannst!

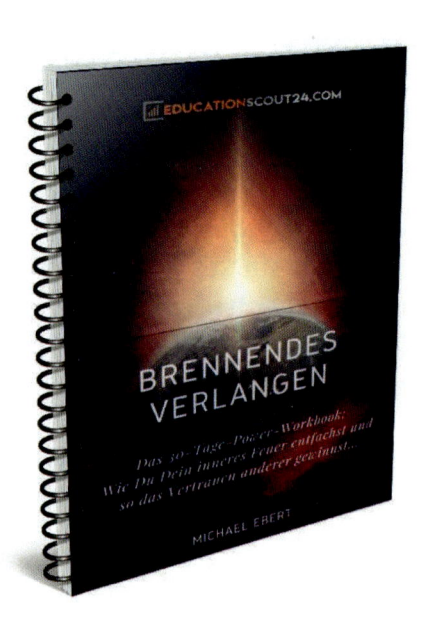

https:// educationscout24.com/ universelles-vertrauen-brennendes-verlangen

Kleines Bonusgeschenk:

Zum Abschluss dieses Buches habe ich noch ein kleines Geschenk für Dich. Auf den ersten Blick wirst Du nur drei einfache Fragen erkennen, doch falls Du Dir die Zeit nimmst und diese in Ruhe schriftlich beantwortest, verspreche ich Dir, geschieht am Ende etwas ganz Besonderes…

Welche Ängste hast Du?
_____
_____
_____

Warum hast Du diese Ängste?
_____
_____
_____

Was noch könnte ein möglicher Grund sein?
_____
_____
_____
_____
_____
_____

Insbesondere die letzte Frage solltest Du Dir ca. 10-15x zu all Deinen Ängsten stellen!

Falls Dir nichts mehr einfällt und Du noch keine 10-15 Gründe hast, frage Dich zusätzlich, falls nicht automatisch durch die 2. Frage bereits geschehen, *„wie"* es zu dieser Angst gekommen ist.

Ich wünsche Dir für Deine zukünftige Persönlichkeitsentwicklung alles Gute. Mögen sich Deine gesunden Wurzeln ausbreiten und im Boden festigen, sodass Du in den kommenden Jahren reichlich viele Früchte dank tiefsinnigem Vertrauen ernten darfst.

Quellenangaben:

- Die 7 Wege zur Effektivität: Prinzipien für persönlichen und beruflichen Erfolg - Stephen R. Covey
- Der 8. Weg: Mit Effektivität zu wahrer Größe – Stephen R. Covey
- Schnelligkeit durch Vertrauen: Die unterschätzte ökonomische Macht – Stephen M. R. Covey
- Denke nach und werde reich: Die 13 Gesetze des Erfolgs - Napoleon Hill
- Die 4-Stunden-Woche: Mehr Zeit, mehr Geld, mehr Leben - Timothy Ferris
- Reicher als die Geissens: Mit null Euro Startkapital in fünf Jahren zum Immobilien-Millionär – Alex Fischer
- Ziele – Setzen. Verfolgen. Erreichen - Brian Tracy
- Wie man Freunde gewinnt… - Dale Carnegie
- Das Power Prinzip – Anthony Robbins
- Rich Dad Poor Dad – Robert T. Kiyosaki
- Cashflow Quadrant – Robert T. Kiyosaki
- Die Psychologie des Überzeugens – Robert B. Cialdini
- Die 3. Alternative – So lösen wir die schwierigsten Probleme des Lebens – Stephen R. Covey

Schritt-für-Schritt zur eigenen Vision...

BRENNENDES VERLANGEN

Das 30-Tage-Power-Workbook:
Wie Du Dein inneres Feuer entfachst und
so das Vertrauen anderer gewinnst...

MICHAEL EBERT

Jetzt scannen!